名所旧跡・街頭風景の今昔

ニッポン
時空写真館
1930-2010

二村正之

誠文堂新光社

残像――憧れと執着

夢の中で「不思議な景観」を見ることがある。実はむかし現実に見た景観であったりするのだそうだ。

二村さんの写真集は、題名通り「空間を同じくして時間は何をどこまで変えるのか」を目の当たりにさせてくれる。見る人ごとの人生経験は多様で、その心に浮かぶ想念は果てしない広がりを持つ。この感動を明確に提起する仕事は芸術にほかならない。真正面からこれに取り組んだ作品は、人の心という不可思議なものに立ち向かう著者の心の温かさを想わせる。

この写真集は浅薄な市場価値に振り回されることなく、決して押しつけでなく、静かに人の心に語りかける。この時空の情景はあらゆる世代の人々に、それぞれの人生経験に応じた感動を残してくれるに違いない。

旅をすると多くの目新しい景観に出会い、いろいろな残像がそれぞれの人の心に刻まれる。一体、景観が心に刻印されるとはどういうことだろう。どんな「残像」なのだろう。それは、〈見ている個人〉と、〈共にある時間〉と、〈そこで営まれるヒトの営み（文化）〉という三者に対するこよない共感ではないか。これこそヒトという生物の優れて原初的な感動ではないか。

写真も確かに情報である。しかし、これがなぜかくも豊穣なのか。実を言うと、私は情報化によって現代人の心から本当の文化を受け止める感性がどんどん奪われていくのではないかという恐れを抱いている。いま世の中は「情報」という名目のもと、動画や画像があふれている。アマゾンの秘境の珍奇な生物から世紀の芸術に至るまで、これほど手近に図像が満ちあふれていてよいものだろうか。これを暇つぶしに選別、観覧することはそれほど豊かなことだろうか。これまで人類が経験してきた我慢とは克服すべき貧しいことだろうか。我慢こそは文化を生み出す強靭な憧れと執着の原動力ではないかと私は考え始めている。その憧れと執着こそが、努力という人間の美徳の出発点ではないか。努力なしに文化は生まれないのだから。

文明の進歩に伴う社会の激変に対して、そのクッションとなり、なんとかそれを受けとめてきたのは、人々の「人間らしさ」であった。われわれはこれを信頼して物質文明を享受している。これを失って、どうやって未来に希望を持てばいいのだろう。

この本は、その「人間の営みへの思いやり」をそこはかとなく感じさせる。子供や若者たちも、一瞥すれば、この豊穣さを感じ取るのではないだろうか。

広島大学名誉教授　渡辺一雄

80年前の日本、その景観と風俗

本書で使用した大正末期から昭和初期にかけて撮影された日本各地の写真は、1930（昭和5）年から32（同7）年に新光社（現、誠文堂新光社）から刊行された『日本地理風俗大系』全18巻に掲載されたものです。これによって、特定の時期に撮影された写真を大量に収集することが可能となり、一部例外はあるにせよ、明確に「80年前の日本の景観と風俗」と明記することができました。

一方これと対比させるための写真の撮影は、2003（平成15）年2月に鳥取県の夜見（弓）が浜から始まり、2010（平成22）年7月の広島県尾道市で終了するまで足掛け7年に及びました。その間2度3度撮影を行った場所もあり、刊行直前まで再撮影を行いました。

また福岡県、大分県、宮崎県、鹿児島県については、撮影のほとんどを朋友の田畑休八氏にお願いしました。キャプションの一部も同氏によるものです。田畑氏にはこの場をお借りして心よりお礼申し上げるしだいです。

生来の旅好き、写真好きであった私にとって、昭和初期に出版された『日本地理風俗大系』の発見はうれしい出来事でありました。とりわけその鮮明な印刷写真は当時の日本を「観察」する上で大変貴重な資料であり、埋もれたままにせず、「発掘」するに十分値するものであります。本書はその一部を復刻する意味も持っております。

なお本書には、2007年10月から2008年12月まで雑誌『子供の科学』で連載した「ニッポン時空写真館」に掲載された記事が含まれており、本書の題名もここから採りました。

7年間の撮影期間中には多くの方々のご助力を賜りました。撮影の一部を担当していただいた田畑休八氏をはじめ、個々の方のお名前をキャプションの末尾に記しておきました。80年も前の撮影場所を特定するのに地元の方の情報ほど頼りになるものはありませんでした。

最後に、本書の制作は誠文堂新光社の方々のお世話なくしては完了しなかったでしょう。今は退職されましたが、最初の担当だった高槻幸弘氏、氏の退職後担当してくださった渡辺真人氏、『子供の科学』編集部の柏木文吾氏、柳千絵氏には一方ならぬお世話を賜りました。また、編者の恩師である渡辺一雄先生（広島大学名誉教授）には推薦文をお願いし、快諾をいただきました。以上の皆様に心よりお礼申し上げるしだいです。

2011（平成23）年2月1日　　二村 正之

凡　例

1. 旧写真はすべて新光社刊『日本地理風俗大系』全18巻から転載した。
2. 旧写真のキャプションは掲載時のキャプションを元に筆者が執筆した。一部の表現に今ではあまり使用されない表現が出てくるのはそのためである。
3. 現在の写真は2003（平成15）年から2010（平成22）年までに撮影した。ほとんどは2006（平成18）年以降の撮影であるが、銀座・新宿等は撮影が困難となったため、2003年9月撮影のモノクロ写真を使用した。
4. 田畑休八氏撮影分についてはその旨を記した。それ以外の現在の写真はすべて二村撮影である。

目次

鷲羽山《わしゅうざん》からの眺望 岡山県倉敷市

上 瀬戸内海の美しさは、高所より眺めてはじめてその真価を発揮する。香川県の屋島と小豆島、広島県の厳島（弥山山頂）などは瀬戸内海の展望台としてことに知られているが、標高がやや高すぎると同時に、付近が島嶼《とうしょ》に恵まれていない。その点、児島半島の南端に位置する下津井の海岸は、対岸四国に近く、かつ、島嶼が最も多い部分に臨み、町の東の鷲羽山を内海第一の展望台にしている。鷲羽山は標高133メートルの花崗岩の丘で、山上からの眺望は実に雄大快濶。東は播磨灘より、西は水島灘に至る海面を一望に収め、眼前には松島・櫃石《ひついし》島・六口《むくち》島などの塩飽《しわく》諸島、大小数百の島嶼、さらに神島・広島・大槌小鎚等の諸島、彼方には讃岐富士・白峰等をはじめ、四国の山々が遠く高く低くパノラマ式に展開して、思わず快哉を叫んでしまう（脇水鉄五郎博士によるキャプションを一部改変）。

下 かつて脇水博士がその風景を絶賛した鷲羽山に登ると、眼前には瀬戸大橋の偉容が飛び込んでくる。写真中央の櫃石島（香川県坂出市）を先頭に計5つの島をまたぐようにして対岸の坂出市まで横断している。1988（昭和63）年4月に開通したこの橋は全長13.1km（高架部を含む）に及び、片側二車線の瀬戸中央自動車道とレール4本分（2本は新幹線用）のJR瀬戸大橋線用に上下2階の「鉄道道路併用橋」となっている。2010年（平成22）12月撮影。（撮影協力：河口芳里氏）

松江大橋と宍道湖 島根県松江市

上 昭和初期の松江大橋と宍道湖の景観。宍道湖に臨み、大橋川と天神川をまたいで広がる松江は、青萍・末松謙澄の詩によってスイスのジュネーブに比肩された。左の橋が中海と連絡する大橋川に架された松江大橋で、「松江大橋 流りょが焼きょが和田見通いは舟でする」と安来節にも歌われた。和田見には遊郭があったのである。この大橋は16代目。橋上に見えるのは馬車と歩行者のみ。

下「東洋のナポリ乃至ジュネーブ」とも称された水都・松江はその面影を十分に残しつつも、建物の高層化、水際の埋め立て、架橋等により、少なからず変貌した。右の橋は1972(昭和47)年に開通した宍道湖大橋。そのたもとに見える白い屋根は県立美術館、上層が写真に入りきらない高層ビルは山陰合同銀行本店である。現在の松江大橋は17代目で、1937(昭和12)年に架け替えられた。2007(平成19)年3月撮影(撮影協力: 松江シティホテル)。

虹ノ松原 佐賀県唐津市

上 海岸線の変化に富む九州のうちでも、最も著しい変化を示すのは北西部の海岸である。この付近、すなわち肥前の海岸は、第三紀地盤の沈降によって生じたリアス式海岸を呈し、他にあまり例を見ない大小の屈曲に富む。唐津湾はその東端に位する古来有名な良港で、付近に名勝史蹟がはなはだ多い。写真は松浦川の河口の左岸、舞鶴城(唐津城)址からの眺めである。翠松の潮風にそよぐ真下には、松浦潟の波静かに、漁をする小舟が点在する。右方に洲を避けるように曲流するのは松浦川、橋は松浦橋である。その橋の達するところ、人家が密集する突端は満島の遊郭、その背後には卓状の鏡山、別名・領布振山《ひれふりやま》がある。この山の麓から左に延々と連なる松原が、日本三大松原の一つ、虹ノ松原である。その左に淡く一山地があり、その上に円錐形にそびえるのは筑紫富士または糸島富士と呼ばれる可也山、さらに左端の海上に横たわる島は唐津から約4km、唐津東港の口に座する高島である。(小川琢治博士によるキャプションを一部改変)

下 この写真は1966(昭和41)年に復元された天守閣から撮影したもので、上の写真とは画角がわずかに異なる。右下の橋は松浦川河口に架かる佐賀県道279号の新舞鶴橋。松浦橋は1939(昭和14)年にコンクリート橋に架け替えられている。唐津市の市制施行は1932(昭和7)年。2010(平成22)年7月現在の人口は12万7000人を数える。2007(平成19)年4月撮影。

桜島と鹿児島市街　鹿児島県鹿児島市

上　君よ知るや南の国！ 九州南部、大隅・薩摩両半島に抱かれた鹿児島湾の西には、南国の情緒豊かに鹿児島市が広がる。鹿児島市は美しい桜島を得て、いやが上にも南国風情を発揮する。両者は得難い人工と天然のコラボレーションである。陥没によって生じた鹿児島湾の中央に噴出した桜島は、北の霧島山と南の開聞岳との間に位置し、両者への距離は各50kmである。前面に見える黒い溶岩は1914（大正3）年1月の大噴火で流出したものである。桜島の頂上は標高約1100mの北岳・中岳・南岳の三円錐丘よりなり、中腹以下は合して一円錐体を形成し、直径10kmの裾野は海に入ってさらに広がる。これを北または南から見ると富士山のごとき美しいコニーデ型だが、西または東より望めば写真のごとくホマーテ型を呈する。写真は城山より鹿児島市街と、鹿児島湾（錦江湾）を隔てて桜島の偉容を望んだもの。（本間不二男博士によるキャプションの一部を改変）

下　鹿児島湾は2万5000年前にあった姶良《あいら》火山、3〜4万年前にあった阿多《あた》火山という二つの火山の噴火口に海水が流れ込んで形成されたものであり、桜島はこれら火山群の一つに過ぎない。したがって鹿児島湾の周囲はかつての大噴火口の縁にあたり、高台がぐるりと取り囲む形になっていて、その急斜面は海底まで続く。このため湾岸沿いの平地は狭く、道路拡張には埋め立てが必至で、結果として今や自然の海岸はほとんど失われてしまった。しかし、幸いにも海の汚れは少なく、湾奥であってもイルカの群れに出会え、海底には珊瑚の群生地が見られる。撮影地の城山《しろやま》は市
る標高107mの小丘に過ぎないが、ここに登れば
隔てて桜島と相対し、市街の大部分を一望する
る。2004（平成16）年に九州新幹線が新八代―鹿
（旧・西鹿児島駅）間で部分開通し、2時間の道の
短縮された。2011（平成23）年3月には新八代―
通し、新大阪―鹿児島中央間が直通運転される
2007（平成19）年1月撮影（撮影とキャプション：

名所旧跡・街頭風景の今昔

ニッポン時空写真館 1930-2010

二村正之

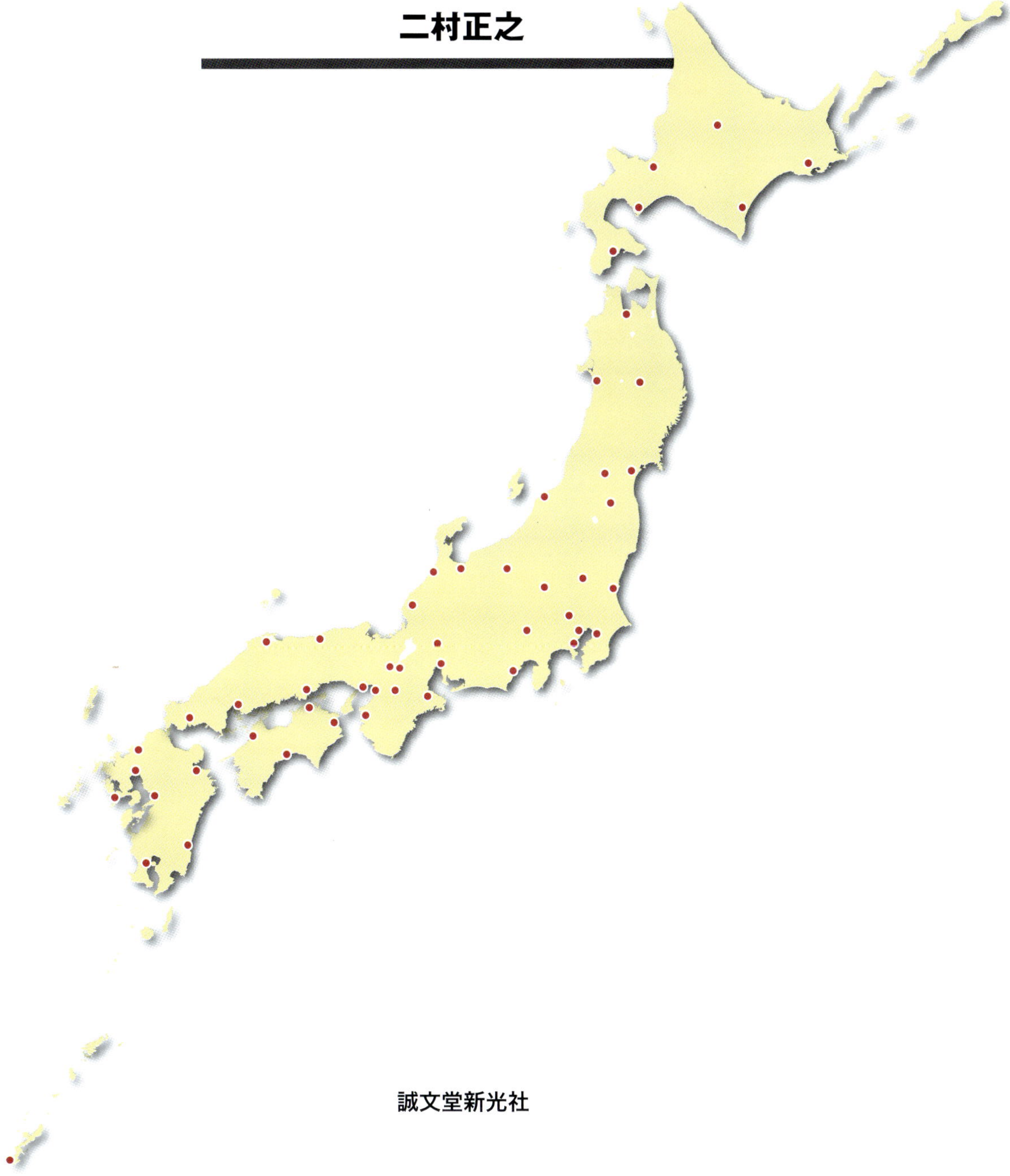

誠文堂新光社

上　旭川駅前から北方に通ずる本通り。立派な建物群と歩車分離が珍しかった。アスファルトの車道には自動車やバスが副奏する。師団司令部に至るバスは主要交通機関であった。通りの右側には五十嵐履物店（現、千秋庵）・市村紙店（現、マクドナルド）・山形勉強堂（現、アイフル）等の店舗が並ぶ。1929（昭和4）年10月1日現在の旭川市の人口は8万1700人。

下　師団通りは現在の平和通買物公園にあたる。この通りは1972（昭和47）年以来、歩行者天国を実施しており、もはや副奏する自動車やバスの姿はない。100円ショップの大看板が現代を象徴している。旭川市の市制施行は1922（大正11）年。2010（平成22）年3月現在の人口は35万3000人。2006（平成18）年9月撮影。参考：渡辺編『旭川市街の今昔　まちは生きている（上巻）』旭川文庫3（総北海 1983）。

幣舞橋《ぬさまい》 北海道釧路市

上 釧路川に架かる幣舞橋は2代目までは木橋であったが、1928（昭和3）年11月竣工の4代目で初めてコンクリート橋となった。ここに写るのはそれで、釧路市のメルクマール的存在であった。釧路は霧の街として有名で、この橋が冬は夕霧のなか、夏は朝霧の間より出現する姿は実に印象的であったという。背景には「キリンビール」の文字が見える。当時は札幌市の豊平橋、旭川市の旭橋と共に北海道の三大名橋と称された。釧路市の当時の人口は4万数千人。

下 4代目の幣舞橋は1975(昭和50)年6月まで使用された。その後1976(昭和51)年11月に5代目が架橋され、現在に至っている。釧路川の河畔は埋め立てられ、遊歩道等に利用されている。橋の背景には「白い恋人」の看板が見える。釧路市の市制施行は1922(大正11)年8月1日。2010(平成22)年3月現在の人口は15万5000人。2006(平成18)年9月撮影。

上 広尾の沖合は太平洋の寒暖二潮流の接触範囲に属して魚類が多く棲息し、天然の宝庫をなす。昭和初期の広尾港はご覧のような貧弱なものにすぎず、漁船の避難には不便であったが、主要な漁獲物としてニシン、マグロ、サケ、メヌケ、タラ、ワカサギ等があり、年間86万円の漁獲高を記録している。マグロは冷蔵して東京に送られていた。

下 広尾港は戦後、港湾整備が進み、1965(昭和40)年には十勝港と改称されて、北海道でも有数の港湾となった。いくつかあった大きな岩のうち、とんがり帽子のような岩は埋め立てによりすっかり取り込まれ、港の景観は大きく変貌した。1970(昭和45)年には重要港湾に指定された。現在の漁獲高は年間約40億円。2006(平成18)年9月撮影。

アイヌの集落 北海道沙流郡平取町《さるぐんびらとりちょう》

上 アイヌの人口は昭和初期には北海道にわずか1万7000人、当時日本領だった樺太に2000人未満にすぎなかった。最も多かったのは日高アイヌで、村としては沙流郡平取村である。写真のように集落には伝統的民家チセがまだ残っていた。現在アイヌ民族の人口は2万3000人程度といわれる。戦後もなお差別され続けた状況は、多くの小説やルポルタージュによって知ることができる。

下 1899(明治32)年制定以来長く続いた北海道旧土人保護法が廃止され、アイヌ文化振興法が成立したのが1997(平成9)年、「アイヌを先住民族として認めるよう政府に促す国会決議」がなされたのは2008(平成20)年6月である。この写真は沙流川流域の二風谷《にぶだに》地区で、左は平取橋、手前は義経神社である。川沿いにあったチセはすべて移転した。2006(平成18)年9月撮影。

上 最盛期の夕張炭坑。右の建物には「夕張礦撰炭場」とある。背後の山腹にはおびただしい数の炭坑住宅が見える。夕張炭坑は北海道炭坑汽船会社が経営するわが国有数の炭坑であった。鉱脈は夕張川本支流の水源地一帯の山脈中にあり、1890(明治23)年の開拓で本坑と丁《てい》未坑とに分かれた。前者に属するのは天龍・利根・隅田・大井の4坑で、後者は千歳・北上・最上・長良の各坑である。

下 1960(昭和35)年には人口11万人を超えた夕張市も炭坑の衰退と共に過疎化が進み、現在は1万1000人余にまで減少した。最後まで残った大夕張坑が閉山したのは1990(平成2)年。その後観光や農業(夕張メロンは有名)に活路を見出したが、現在市の財政は破綻状態にある。右の施設は石炭の歴史村にある「郷愁の丘ミュージアム」で、現在休館中。2007(平成19)年9月撮影。

真駒内種畜場 北海道札幌市南区

上 真駒内種畜場は1877（明治10）年、アメリカ人エドウィン・ダンの提言により「真駒内牧牛場」として開拓使によって開設され、1893（明治26）年に真駒内種畜場となった。種畜場は1946（昭和21）年にアメリカ軍による接収で幕を閉じた。藻岩から手稲、硬石山《こうせきやま》、抵石山への連峰を背景に、見渡すかぎり牧草の大平原である。牧場の東縁を定山渓《じょうざんけい》電鉄が走っていた。

下 高架線を走る札幌市営地下鉄南北線自衛隊前駅ホーム（上の写真よりも若干北側）から俯瞰した様子。かつての「牧草の大平原」は大半が自衛隊駐屯地用地へと転用された。用地内には現在でも種畜場時代の牧舎の一部が残っているという。定山渓電鉄（鉄道）は1969（昭和44）年11月に廃止。写真手前の道路がその廃線跡である。2006（平成18）年9月撮影（撮影協力：エドウィン・ダン記念館　園家廣子氏）。

大通公園 北海道札幌市中央区

上 まだ荒涼とした昭和初期の大通公園。正面の銅像は屯田司令官だった永山陸軍中将で、はるかにある黒田清隆開拓使長官の像と相対していた。背景には遠く手稲の連峰が雪を頂いてそびえ、左に円山《まるやま》、右に三角山が見える。初冬の大通公園はまだ雪に覆われず樹木が落葉した姿である。右手の石造建築物は北海道拓殖銀行、1900（明治33）年2月に設立された特殊銀行であった。

下 木々が生長し、遠くの山々はほとんど見えなくなった。永山中将と黒田長官の銅像は1943（昭和18）年に軍へ供出されて、共に今は存在しない。北海道拓殖銀行は1997（平成9）年に経営が破綻し、姿を消した。冬季には雪の捨て場であったこの公園を一躍有名にしたのが1950（昭和25）年に始まった札幌雪祭りである。2006（平成18）年9月撮影。

色内町 北海道小樽市

上 小樽市の堺町より北西に色内町方向を望む。舗装道路とその照明装置や飾り窓の新傾向等々、近代貿易港湾都市の体裁を整えている。左端の電柱には「花王石鹸」の名が巻きつけられている。「月のマーク」で有名な花王石鹸は1890（明治23）年に洗顔用石鹸を発売した。今も健在なのは皆さんご存知の通り。1929（昭和4）年10月1日現在の小樽市の人口は15万6800人。

下 手前は於古発川《おこばち》に架かる境橋、橋向こうが色内大通、手前が堺町通である。右手前が1906（明治39）年竣工の旧名取高三郎商店（現、ナトリ小樽支店）、その向こう隣が旧三菱銀行の北海道中央バス第2ビル、その向かいが旧第一銀行のトップジェントである。戦前の景観を残す小樽は人気が高く、観光用人力車も見える。2010（平成22）年3月現在の小樽市の人口は13万3600人。2007（平成19）年9月撮影。

室蘭港大観 北海道室蘭市

上 左遠景に見えるのが絵鞆《えとも》半島の骨格である測量山《そくりょうざん》（アイヌ語ではホシケサンベ、標高199.3m）。港はこの山にその西側を抱かれるように、右手に深く入り込んでいる。対岸には胆振《いぶり》の山々が海岸段丘を麓にして連なり、市街は主として港の南側、すなわち絵鞆半島の北斜面に発達している。右手前は室蘭機関庫で、その左遠方に見える室蘭駅の昇降口の右側が船着場である。また右端中景にはこの港の生命ともいうべき石炭輸移出のための高架桟橋が見える。左は中心市街地で、病院・市役所等の大きな建物のほか、山の上には八幡神社も見える。昭和初期の室蘭市の人口は約5万1000人。

下 室蘭は現在も北海道の重要な港湾である。もともと地形的に港湾に適しているうえ、室蘭工業地帯や夕張等、多くの炭鉱を後背地に持っていたのがその要因である。しかし石炭産業が完全に消滅し、鉄鋼産業が合理化され、さらに陸上交通の主役が鉄道から自動車へと転換したため、上の写真のような広大な機関庫や貨物ヤードを持った鉄道施設は大幅に縮小され、1997(平成9)年10月には駅舎もこぢんまりとした旅客専用駅に移転。旧駅舎は市の多目的ホールとして保存されている。市街の中心はJR東室蘭駅周辺へ移り、室蘭駅周辺は全体として静かな印象。測量山の山頂にはテレビとFM放送の送信塔が設けられ、毎晩日没から午前0時までライトアップされている。 室蘭の市制施行は1922(大正11)年8月、2010(平成22)年3月の人口は9万5000人。2007(平成19)年9月撮影。

上 昔から江差は松前と並ぶ北海道の主要な都市であった。エサシとはアイヌ語で「岬」の意である。海上に横たわる鴎《かもめ》島が漁船の安全な碇泊を保証するため、港として栄えた。加えて檜山支庁の所在地として当時の人口は9000人を数え、松前をはるかにしのいでいた。沿岸を対馬暖流が流れ、気候は比較的温暖で積雪は少ない。人家の屋根が平たいのはそのためか。

下 江差が「江差追分発祥の地」としてあまりにも有名になったのは、1963(昭和38)年に始まった「江差追分全国大会」の影響が強い。写真のフェリーは奥尻島航路のものと思われる。しかし、江差には札幌市へ乗り換えなしで行ける交通手段がなく、支庁を持ちながら人口減少が続いている。2010(平成22)年3月現在の人口は約9200人。2006(平成18)年9月撮影。

函館市大観 北海道函館市

上 函館山と渡島《おしま》本土とを連結する陸地に発達した函館市街は、左に函館港(開港五港の一つ)を抱き、右に宇賀の浦を擁して、景勝に富んでいる。写真は函館山方面から俯瞰した市街で、左端に港の一部が見える。当時すでにビルも多く建ち並び、家並みも密集する北海道有数の大都市だった。当時の人口は約17万人、市制施行は1922(大正11)年。

下 上の写真は1934（昭和9）年の函館大火直前の函館市街である。この大火は2000人以上の死者を出すほどの惨事であった。その後、第二次世界大戦時のアメリカ軍による空襲もあって、現在、当時の様子を残すものは背後の山並みのみといっても過言ではない。2010年(平成22)3月現在、函館市の人口は28万2000人。2007(平成19)年9月撮影。

上 青森市内を流れる堤川《つつみがわ》越しに望んだ八甲田山。前岳・田《た》茂《も》萢《やち》岳・赤倉岳・井戸岳・高田大岳等が頭を並べて重なり合い、火山としての秀麗な姿は幾分損なわれている。八甲田という名は「八つの頭の並んだ山」という意味だという。青森市の市制施行は1898(明治31)年、1930(昭和5)年の国勢調査による人口は約7万7000人。本土と北海道とを結ぶ唯一の開港場として青函トンネル開通まで大いに栄えた。

下 堤川に架かる堤橋越しに八甲田を望む。現在の堤橋は1983（昭和58）年竣工。夕刻の撮影で、橋上には信号待ちの自動車が数珠繋ぎになっている。1988（昭和63）年3月の青函トンネルの開通と航空輸送の発達により、本州と北海道との連絡拠点としての青森市の使命は終わったが、現在なお30万人の人口を擁する東北第3の大都市である。2007（平成19）年9月撮影。

岩手県公会堂 岩手県盛岡市

上 戦前、盛岡市の誇りの一つがこの岩手県公会堂であろう。1927（昭和2）年6月に昭和天皇のご成婚記念として旧城の内丸に新築された。公会堂として利用されるばかりでなく、岩手県の県会議事堂としても使用された県内有数の建物である。岩手県の県庁所在地である盛岡市の市制施行は1889（明治22）年4月、1930（昭和5）年の国勢調査による人口は約6万2000人、面積は50平方kmである。

下 岩手県公会堂は上記のとおり1927（昭和2）年6月に建築家佐藤功一（早稲田大学大隈講堂の設計者）の設計により竣工した。現在もほぼその原型を保ったまま利用されている。高く伸びた街路樹と周囲の高い建物、頻繁に走る自動車に80年間の歳月を感じる。盛岡市の現在の人口は約30万人、面積は886平方km。2009（平成21）年9月撮影。

一ノ関街頭 岩手県一関市

上 一ノ関駅前から大通に出た角の様子。ここは県南の中心地で近郷からの人出も多い。男は股引き、女はもんぺという昔ながらの姿。馬を引く者がいるのは、日本一の名馬の産地、南部ゆえであろう。町並みは奥州街道の宿駅の面影を残している。写真右の「サトウ洋酒店」の店頭には「味の素」の看板が見える。当時の一関町の人口は約1万人。市制施行は戦後1948(昭和23)年4月。

下 80年経った現在、股引き・もんぺ姿の人は消え、みな洋装になった。競馬場を除けば街中で馬を見かけることはまずない。地方都市では自家用車が普及し、公共交通が衰退した地域が多い。そのためか写真のようなバスの姿をあまり見かけなくなってしまった。現在の一関市の人口は約12万人。2009(平成21)年9月撮影。

秋田市大観 秋田県秋田市

上 昭和初期の秋田市には県庁、市役所、赤十字病院、連隊、秋田鉱山専門学校などの大建築物がすでにあった。佐竹氏旧城下として発達したこの街は落ち着いた静かなところで、近郊には有名な蕗《ふき》畑などもあり、砂糖漬けやステッキ等を売っていた。この写真は城址の千秋公園から西方を望んだ風景である。秋田市の市制施行は1889（明治22）年4月、1930（昭和5）年の国勢調査による人口は約5万1000人。

下 2010（平成22）年8月現在、秋田市の人口は32万人を超え、青森市を抜き、仙台に次ぐ東北第2の大都市となった。かつての連隊は消え、鉱山専門学校は戦後新制秋田大学鉱山学部となった。1997（平成9）年3月の秋田新幹線開通により、仙台や盛岡との時間的な距離も短縮された。2009（平成21）年9月撮影。

上 昭和初期、わが国の湖沼中第2位の面積を有した八郎潟は、半淡半鹹の水（海水と淡水とが混じりあう汽水）をたたえていた。したがって魚介の種類が多く、有用魚類は20種に達し、他に藻類の収穫も少なくなかった。湖畔には天王・浜口2ヵ所の漁専業の部落がある。写真は天王に近い湖の排水口、八龍橋付近の魚網干の風景である。

下 かつては220平方kmの面積を有し、琵琶湖（670.33平方km）に次ぐ大湖だった八郎潟は、1957（昭和32）年着工の淡水干陸化事業によって大幅に縮小され、27.7平方kmの調整池を残すのみとなった。かつてはヤマトシジミ等が豊富であったが、干陸による淡水化によって消滅した。陸地化した部分は広大な水田地帯（大潟村）になっている。2009（平成21）年9月撮影。

能代橋 秋田県能代市

上 秋田県の北部を流れる米代川《よねしろ》は西流して日本海に注ぐ。その河口近くに能代の河口港が発達している。日本海側の北部は天然の良港を欠くので、こうした大河口は当然港として利用される。ことにこの能代港は流域に木材が多かったため発展した。

下 能代の市制施行は1940（昭和15）年9月26日。その後近隣町村との合併を繰り返し、現在の人口は約5万9000人である。現在の能代橋は1957（昭和32）年12月に竣工したシンプルな近代橋で、自動車の通行も増えた。だが全体の雰囲気は戦前のそれとあまり変わらず静かな印象である。能代港は1981(昭和56)年に重要港湾・エネルギー港湾に指定され、その重要性は近年さらに増した。2009(平成21)年9月撮影。

山形市街 山形県山形市

上 山形市には旅籠町・蝋燭町・弓町・大工町・寺町など職業のついた町名が多い。また五日町・七日町・十日町などは市の開く日から来ている。昭和初期に最も繁華を極めた中心地は七日町・旅籠町などである。写真は当時の七日町横町。道路の突き当たりの正面が県庁、左側の火見櫓が見えるのが警察署である。山形市の市制施行は1889(明治22)年4月、1930(昭和5)年の国勢調査による人口は約6万3000人。

下 1916(大正5)年に竣工した県庁舎は現在「山形県郷土館(通称文翔館)」として保存され健在である。2010(平成22)年6月現在、山形市の人口は25万4000人で、東北5県の県庁所在地では最も少ないが、年々増加し続けている。現在旧県庁前の道路は拡幅され、大型バスや自家用車が頻繁に行き交っている。山形の郷土料理として有名な「芋煮会」は現在でも河川敷等で盛んに行われる。2009(平成21)年9月撮影。

学都仙台 宮城県仙台市

上 昭和初期の仙台の景観。伊達藩62万石の城下町が仙台市の基となっているのはよく知られている。広瀬川の清流を隔てた愛宕山の一角からは、市内の建物が手に取るように観望できる。右端の3階建てが東北学院専門部、中央が仙台高等工業学校である。左に続く3階建ては東北帝国大学工学部の一部である。さすがに仙台は学都の名を辱めない。1930(昭和5)年の国勢調査による仙台市の人口は約19万人。

下 「学都」「杜の都」等の形容詞で称される仙台は宮城県の県庁所在地であり、また東北第1の都市で、1889(明治22)年4月1日の市制施行から100年後の1989（平成1）年4月には11番目の政令指定都市になり、1999(平成11)年5月には推計人口が100万を突破した。プロサッカーチーム、ベガルタ仙台や、野球チーム、東北楽天イーグルスのフランチャイズにもなっている。2010(平成22)年3月撮影。

斎川特産孫太郎虫《まごたろうむし》本家 宮城県白石市

上 奥州斎川孫太郎虫は小児五疳(肝疳、心疳、肺疳、脾疳、腎疳)の最大妙薬として、遠くは江戸までその名が知られていた。その孫太郎虫の本家の軒下が三等郵便局(特定郵便局)に変わって、前に自動車が止まっているのも「移る世のさが」である。写真の場所は白石と越河《こすごう》の中間の斎川あたりで、連なる家並みが昔の宿駅そのままであるのも面白い。

下 孫太郎虫はヘビトンボの幼虫のことである。この幼虫を乾燥したものは長く子供の五疳の治療薬として珍重されてきた。かつては近辺の河川ならどこでも普通に見られたが、河川改修や水質の変化等で近年個体数は激減したという(食堂「孫太郎餅」主人談)。郵便局は同位置に改築され現存するが、80年前の面影はわずかに認められる程度である。2010(平成22)年3月撮影。

市内から信夫山《しのぶやま》を望む 福島県福島市

上 福島市の北には歌に名高い信夫山が平野の中にそびえている。山腹には公園があり、山麓一帯には中学校・高等女学校・高等商業学校等が並ぶ。写真は1927(昭和2)年に完成した福島ビルディング（当時としては珍しいエレベーターが設置されていた）から北方に向かって信夫山を望んだものである。すぐ目の前に見えるのは農工銀行。1930(昭和5)年の国勢調査による福島市の人口は4万5000人余り。

下 標高275mの信夫山は阿武隈川とともに福島市のシンボル的存在で、中腹から市街を一望できる。他方高層ビル化が進んだ市内からはその全貌が見にくくなった。旧制福島中学校・高等女学校・高等商業学校は各々現在の県立福島高等学校・県立橘高等学校・福島大学経済経営学類である。福島市は1907(明治40)年4月に人口約3万人でスタートし、現在は29万4000人を数える。2007(平成19)年9月撮影。

桜桃《おうとう》の発送 福島県福島市瀬上荒町

上 福島県は桃と並んで桜桃の生産も盛んで、代表的な品種「佐藤錦」は6月から7月初めにかけて出荷される。写真は1920年代中期(大正末期)の出荷風景である。「近江屋」と書かれた店頭に、桜桃を積んだ貨車がとまり、印半纏姿の男性や着物姿の子供が荷物運びを手伝っている。鉄道は福島電気鉄道(現、福島交通)軌道線で、機関車は俗に「へっつい形」と呼ばれた、路面軌道用に設計されたもの。

下 佐藤錦は1922(大正11)年に山形県東根町の佐藤栄助により作出された桜桃の品種で、1928(昭和3)年に友人の岡田東作により作出者の名を冠して「佐藤錦」と命名された。近江屋は今も同所で寝具商として健在である。店舗は改装されたが、背後の家屋はほぼ当時のまま保存されている。1971(昭和46)年に福島交通軌道線は廃止され、現在は阿武隈急行線が付近を走っている。2007(平成19)年9月撮影。

偕楽園から市街を望む 茨城県水戸市

上 常磐《ときわ》公園から俯瞰した千波湖。湖はさして大きくはないものの、水戸城の要害として市街の西部を守っていたが、昭和に入り一部を残して水田に変わった。常磐公園は一般に偕楽園という名称で親しまれている。水戸の市制施行は1889(明治22)年4月、1930(昭和5)年の国勢調査による人口は5万600人である。

下 偕楽園は金沢の兼六園・岡山の後楽園と並んで「日本の三名園」の一つに数えられる。千波湖は遠くなってしまったが、園内には3万本もの梅が植わり、相変わらずの盛況である。また園内で販売されている梅のソフトクリームはなかなかの珍味でお勧めできる。左隅に白く見えているのが水戸の市街地である。2010(平成22)年6月撮影。現在の水戸市の人口は26万6000人。

上 陸橋の上から霞ヶ浦に向かって撮った昭和初期の土浦港。左手前は当時の水郷通いの汽船発着所である。土浦は桜川が霞ヶ浦に注ぐ所に位置し、霞ヶ浦・利根川への船運と筑波山・阿見飛行場などへの軌道があり、戦前すでに発展しつつあった。当時は町に入り込んだ堀や堀沿いの柳、ワカサギ等の雑魚を売る店など、豊かな水郷の気分に満ちていたという。当時の土浦町の人口は1万6000人。

下 土浦は近年すっかり東京のベッドタウンと化し、都市としての独自性は失われつつある。阿見飛行場は海軍航空隊のホームグラウンドであり、予科練は戦前の軍国少年にとってあこがれの的であった。自動車の発達で定期航路は廃止された。現在も残るのは霞ヶ浦のワカサギのみだが、漁獲高は減少しつつある。土浦の市制施行は1940（昭和15）年、現在の人口は約14万4000人。2008（平成20）年1月撮影。

宇都宮市街 栃木県宇都宮市

上 宇都宮市は栃木県のほぼ中心に位置し、文化・産業・交通・政治の中心地である。干瓢・麻・大谷石・友志良賀《ともしらが》(干瓢を砂糖漬けにした菓子) などの産物で知られる。写真は昭和初期の宇都宮市街。左に見える森が臼ヶ峰で、延喜式神名帳に記された下野《しもつけ》の古社、二荒山《ふたあらやま》神社がある。宇都宮の市制施行は1896 (明治29) 年4月。1930 (昭和5) 年の国勢調査による宇都宮市の人口は約8万1000人である。

下 1945 (昭和20) 年7月12日のアメリカ軍による空襲で宇都宮市街はほぼ全焼したため、現在二荒山神社以外に戦前の建物はほとんどない。宇都宮市は1996 (平成8) 年に中核市に指定された。今後さらに人口の増加が予想される。近年は「餃子の街」として全国的に知られるようになった。2010 (平成22) 年8月現在の人口は約51万人。2008 (平成20) 年1月撮影(撮影協力:宮本龍夫氏)。

足尾銅山大観 栃木県日光市

上 昭和初期の足尾銅山。「天与の富はうず高く地下の宝庫に積れている。その無限の富を掘出す足尾銅山こそは日立とともにその名を天下に誇るものである」という当時のキャプションがかつての見解を示している。手前の建物は通洞選鉱場で、鉱石を一度高所に引き上げ、次第に下に落としてゆく間に選別する設備である。後方の索道は遠方の坑から掘出した鉱石を選鉱場まで運搬するためのもの。

下 1900年代初頭には全国有数の産出量を誇った足尾銅山は、1973(昭和48)年2月28日に閉山した。公害の原点のごとく引き合いに出される「足尾銅山鉱毒事件」とは、銅の精錬にともなう排ガス(亜硫酸ガス)による「禿山化」と、銅イオン等の金属イオンによる河川(主に渡良瀬川)の汚染であった。閉山後40年近く経った現在でも山の植生は完全には復活していない。2009(平成21)年9月撮影。

群馬県庁 群馬県前橋市

上 前橋市で最も立派なものの一つが県庁であろう。3階建ての宏壮な建物で、大理石を敷きつめた玄関の華麗さは見事である。群馬県庁はかつて高崎にあったが、いろいろな事情があって1876(明治9)年に前橋へ移された。県庁に隣接して県会議事堂がある。前橋市の市制施行は明治25(1892)年。1930(昭和5)年の国勢調査による前橋市の人口は約8万5000人である。

下 1928（昭和3）年に竣工した群馬県庁舎は現在も同地に健在で、1999(平成11)年に現在の新庁舎が完成してからは「昭和庁舎」とよばれ、パスポートセンター、NPO・ボランティアサロン等の施設が入っている。1996（平成8）年12月には国登録有形文化財に指定された。設計者は岩手県公会堂(P27)と同じく佐藤功一。前橋市の現在の人口は約34万人。2008(平成20)年1月撮影。

高崎公園からの眺望 群馬県高崎市

上 高崎公園より烏川《からすがわ》を隔ててはるかに観音山を望む。高崎公園は、遠くは浅間の噴煙を望むこともできる眺めのいい公園である。禽舎・動物舎・噴水等の設備もあり、隣接して頼政神社がある。烏川はこの下流で碓氷川《うすいがわ》と合流し、市の南部を貫流する。高崎市の市制施行は1900（明治33）年、昭和初期の人口は約6万人である。

下 1881（明治12）年に群馬県庁が高崎から前橋に移転して以来、県庁所在地は前橋である。しかし1982（昭和57）年に開業した上越新幹線は上越線同様高崎経由となり、「群馬の経済と商業の中心地」としての高崎の地位は確定的となった。一方前橋は「行政・文教の中心地」として発展している。平成の大合併後、高崎市の現在の人口は約37万人で、県下第1位を占める。2008（平成20）年1月撮影。

大宮駅前 埼玉県さいたま市

上 昭和初期の大宮駅前通り。当時すでに自家用車やトラックが多く、歩道も完備しているのがわかる。食堂の看板には「エビスビール」と「キリンビール」の文字が記されている。大宮は氷川神社の所在地として発達した中山道の一宿駅である。明治以降は高崎線と東北本線の分岐点にあたり、また西へは川越線、東へは岩槻・春日部を経て野田に通ずる鉄道(現在の東武野田線)もでき、交通の中心地として発達した。

下 大宮町は1940(昭和15)年11月3日に市制施行し、大宮市となった。以来交通の要所としての地位はますます重みを増し、2001(平成13)年には人口46万人に達する大都市へと発展した。さらに2001(平成21)年5月1日、近隣の浦和市・与野市と併せて「さいたま市」となり、県庁所在地の仲間入りをした。さいたま市の人口は120万人を超え、内陸県唯一の政令指定都市でもある。2009(平成21)年10月撮影。

千葉市大観 千葉県千葉市

上 千葉市内に猪鼻台というこんもりした丘がある。今は亥鼻公園となっているが、もとは千葉氏の城のあったところで、そこからの眺望は非常によい。写真は昭和初期の千葉市街を俯瞰したもので、右上に見える堂々たる洋館が千葉県庁の庁舎。遠く出洲《でず》の海岸から東京湾も見える。1930（昭和5）年の国勢調査による千葉市の人口は約4万9000人。

下 右の高層ビルが1996（平成8）年に竣工した現在の県庁舎。戦後度重なる海岸の埋め立てが行われたため、東京湾を見るにはこの県庁の屋上に上がるしかないのではないか。千葉の市制施行は1921（大正10）年1月。2010（平成22）年現在の人口は約96万人。100万都市になる日も間近である。2007年（平成19）年8月撮影。

稲毛海岸 千葉県千葉市稲毛区、美浜区

上 かつて東京湾の北東湾奥、稲毛の海岸は遠浅をもって知られていた。写真は昭和初期の稲毛海岸で、海中から後方の台地を望んだものである。この台地は、関東平野に広く発達する洪積層に属する成田層によって形成され、その上を関東ローム層（いわゆる赤土）が覆っている。台地の上の松が皆、海風の影響で海岸と反対側に傾いている様子が面白い。

下 戦後、千葉県の東京湾沿岸はほとんど全域が埋め立てられた。中でも稲毛海岸はいち早く埋め立て工事が行われ、かつての遠浅の海は工場や住宅団地等で埋め尽くされた。埋め立て地は現在の千葉市美浜区に相当する。その先には人工海浜が造成されているが、かつての自然海岸とは似て非なるもの。2009(平成21)年10月撮影。

手賀沼一景 千葉県我孫子市

上 鉤《かぎ》のような形の手賀沼は周囲34km余りもあるが、幅は狭く、対岸は手に取るように近い。湖沼としてはすでに老衰期で、湖岸部は水生植物の繁殖が著しく、次第に水面を狭めつつある。水深は最大で3m内外。写真は常磐線の我孫子駅からだらだら坂を下ったあたりの、昭和初期の手賀沼の景観である。我孫子の市制施行は戦後の1970（昭和45）年である。

下 我孫子は戦後、東京の郊外都市として人口増加が激しく、すっかり都市化が進んだ。それに伴って手賀沼は印旛沼と共に急速に水質汚濁が進行し、化学的酸素要求量（COD）ワースト記録が1994（平成6）年から2001（平成13）年まで続いた。現在はこの「負の勲章」から脱却したが、国の基準値までには浄化が進んでいない。2010（平成22）年現在の人口は13万人。2009（平成21）年10月撮影。

上 昭和初期の新宿駅前二幸(現、アルタ)楼上から東方、新宿大通りを望む。1923（大正12）年の関東大震災以来、東京西郊の発展は著しく、その中心、新宿の発展はめざましかった。数年も経たないうちに東京の中心は新宿に移った感がある。大劇場・映画館をはじめ、三越・布袋屋、両デパートの進出はその顕著なものであった。

下 70数年後の「大新宿」の姿。映画館は衰退の一途をたどったものの、カメラ量販店の進出など、日々変遷を繰り返しつつ、そのにぎわいは維持されている。都電に代わって地下には東京地下鉄丸ノ内線が走り、路上には大きなスクランブル交差点が4ヵ所設置された。三越は当時の建物を改装して現在も盛業中。布袋屋は1935（昭和10）年に隣接する伊勢丹に編入され、新宿店となった。中村屋・タカノフルーツパーラーも当時から続く老舗である。2003（平成15）年9月撮影。

四谷見附 東京都新宿区

上 この橋は四谷見附橋と呼ばれ、1913(大正2)年に竣工した。関東大震災を契機に新宿が繁華になってから四谷見附付近もにぎやかになり、深夜0時、1時頃までタクシーが往来し、うっかり道を横切れぬほど交通が激しい。近代式橋梁と公設市場の新しい建物のかたわらで、見附の石垣と松が昔の面影を残していた。

下 四谷見附橋は1991（平成3）年に現在の橋に架け替えられ、旧橋は1996（平成8）年に多摩ニュータウン長池公園へ移設された。橋梁の下がJR四ツ谷駅のホームで、中央線・総武線の電車が頻繁に出入りする。橋上の道路は「うっかり横切る」人がないように信号が設置されている。1954（昭和29）年には地下鉄丸ノ内線四ツ谷駅が開通した。2009（平成21）年9月撮影。

御茶ノ水の切り割り 東京都千代田区、文京区

上 水道橋―御茶ノ水間の中央線と神田川。両国―御茶ノ水間に連絡線が開通したのは1932（昭和7）年のことで、当時はまだ開通していない。ここに写る電車は中央線東京行きと思われる。江戸城の大修築の際、徳川氏が仙台伊達藩に命じて本郷台の一部を切り開き、神田川を導いて隅田川に合流させ、江戸城の外堀の一部とした。その断面に地下水路が切り開かれ、第四紀の砂礫層中から泉が湧いた。

下 1933（昭和8）年に御茶ノ水から中野までの線増工事が完成し、この区間は複々線となった。現在崖の上から眺めることができるのは、後から完成した総武・中央緩行線である。ちなみに上の写真に写る電車は30系17m車と思われる。下の写真には2000（平成12）年3月登場のE231系20m車（ステンレス製）が走る。2007（平成19）年9月撮影。

東京中央郵便局 東京都千代田区

上 2008(平成20)年まで東京駅前に君臨したこの建物の竣工は1933(昭和8)年12月25日のことであった。立ち並ぶ丸の内の近代式大建築の間にあって、ひときわ明るく輝きそびえる様子は丸の内の一偉観であったという。写真は建設中の様子で、足場が取り除かれて雄偉なる巨屋を現した姿である。

下 長きにわたり東京駅とともにその存在を丸の内に誇示した東京中央郵便局は、2009(平成21)年、ついに解体工事が始まった。かつての巨屋もいまや周囲の高層ビルの中ではミニチュアのような存在となったが、改装中の東京駅丸の内口本屋と併せて長く保存してほしい建物であった。針のなくなった大時計が寂しさを引き立てている。2009(平成21)年9月撮影。

東京駅丸の内本屋 東京都千代田区

上 日本の交通の中心である東京駅の建物は工学博士辰野金吾の設計で、1911(明治44)年起工、1914(大正3年)に完成した。当時は付近に大建築がなく、その巨体を誇っていたが、その後、丸ビル・郵船ビル・中央郵便局等の巨大な建物ができて、やや圧倒された感がある。

下 現在丸の内本屋は2012(平成24)年の完成を目途に復元化改装工事を行っている。上の写真のようなかつての雄姿が復活するとともに、恒久的な使用に耐える構造になれば、末永くこの姿に接することができそうである。2010(平成22)年2月撮影。

上 銀座3丁目付近から新橋方面を俯瞰した。銀座通りは明治初期に欧風煉瓦家屋を建築したのに端を発して東京第一の文明街となり、関東大震災後は更に堂々たる近代式商店街となった。左の建物は伊東屋文具店で、その右が松屋百貨店、通りのはずれが松坂屋、その中間の少し低い建物が三越である。このうち最も大きな松屋は9階建て7000余坪（約2万3000平方m）、従業員2030名を擁していた。

下 戦後伊東屋は2丁目へ移転し、跡地は松屋の店舗拡大に活用された。2009（平成21）年現在の松屋の従業員数は、浅草店を加えても761名と、戦前に比べかなり減少した。近年大型デパートの閉店はけっして珍しくないが、三越・松坂屋共に今も健在なのは誠に喜ばしい。2003（平成15）年9月撮影（撮影協力：（株）中央建物）。

日本橋 東京都中央区

上 花のお江戸の日本橋も、1911(明治44)年に今の石造に架け替えられてからは、昔の錦絵に見るロマンティックな景色はなくなった。橋上から雪をかぶった富士を望むかわりに、石造何階建てという高層な建築物が視界をさえぎる。中央の高い建物は白木屋百貨店（後の東急百貨店日本橋店）。右手前のバスはその形から1929(昭和4)年式フォードAA型と思われる。

下 80年後の今も石造の橋は健在だが、背景は何十階建ての超高層ビルに変貌した。バスは大型化し、昔の車両は今の自家用車ほどにしか感じられない。もちろんここに写るバスは国産であろう。なお旧白木屋の東急百貨店日本橋店は1999(平成11)年に閉店した。2009(平成21)年9月撮影。

歌舞伎座 東京都中央区

上 歌舞伎座は団菊（九代目団十郎と五代目菊五郎）在世時代から梨園の王座を占め、今日なお東京における劇場の筆頭であり、常に松竹幹部俳優が出演する。古い（第二期）歌舞伎座は1889（明治22）年に開場した。写真の建物は大震災後1925（大正14）年竣工の第三期歌舞伎座（設計は岡田信一郎）で、1945（昭和20）年5月25日の米軍の大空襲により焼失した。

下 現在の建物は1950（昭和25）年12月に竣工した第四期歌舞伎座で、基本的な構造は第三期に準ずる。2009（平成21）年8月26日、松竹により建て替え計画が発表され、現在の建物は同年限りで取り壊されることとなった。新歌舞伎座の建設は2010（平成22）年5月に着工した。 2009年（平成21）10月撮影。

万世橋 東京都千代田区

上 1930（昭和5）年に完成したばかりの万世橋の姿。現在も健在である。かつて万世橋付近は水運・陸運共に交通の頻繁至便な地点であった。路面電車は須田町を中心として山手や下町へと四通八達し、地下鉄は橋畔の万世橋仮駅を起点として上野を経て浅草に通じていた。秋葉原の貨物駅が近くにあるため、神田川には貨物船が上下し、ここで貨物運輸の水陸連絡を図っていた。

下 昭和5年当時は地下鉄銀座線が工事中で、暫定的な起点として「地下鉄万世橋」という駅が存在した（1931（昭和6）年11月閉鎖）。JR総武線のガードは1932（昭和7）年に完成した。したがって上の写真には写っていない。また当時は中央線「万世橋駅」も営業中だった（1943（昭和18）年休止）。2010（平成22）年8月撮影（協力：肉の万世）。

上 今も昔も神田の名物の一つは古本屋である。九段坂下より駿河台下に至る街路の西側が、最も多く東京中の学生、及び読書子を集めている。神田の古本屋で取り扱う古書は約100万円相当に達する。これは東京全市（当時）の古本屋で扱う3分の2以上を占め、約120軒の同業者がある。昭和初期の100万円は今の100億円程度（物価から換算）に相当する。

下 現在神田神保町の古書店は176店舗を数える。活字離れが指摘されるようになってから久しいが、意外にも古書業界にはあまり影響を与えていないのかもしれない。上の写真と同所に立ってみると、大雲堂書店・一誠堂書店（明倫館書店の看板に隠れている）は確実に確認できる。2010（平成22）年2月撮影。

上野山下 東京都台東区

上 昭和初期の東京はいわゆる「円タク」全盛時代で、うっかり道も横切れないほどであった。円タクが50タクとなり、果ては30銭20銭でも乗せるというので猫も杓子も便乗したという。「ユニオンビール」は日本麦酒鉱泉が販売していた銘柄で、メーカーは1933（昭和8）年に大日本麦酒に吸収合併された。「仁丹」は老舗の森下仁丹が1905（明治38）年から懐中薬として販売を始めたもので、100年以上の歴史を持つ。

下 上野の山から俯瞰した広小路。新幹線東京駅開業以来、上野駅の地位は確実に低下した。かつて「おのぼりさん」でにぎわった駅前食堂街は大型カメラ店等に置き換わってしまった。上野公園や動物園、美術館等の文化施設は健在で、自動車や歩行者のにぎわいは相変わらずである。なお京成上野駅は1933（昭和8）年12月10日に「上野公園駅」として開業した。2008（平成20）年8月撮影。

浅草地下鉄ビル 東京都台東区

上 東洋最初の地下鉄道は第1期に浅草－上野間、第2期に上野－万世橋間が完成した。写真は浅草雷門東の地下鉄ビルディングで、売店・食堂等があった。「チカテツ」の下の文字は「食堂」「のりば」と読める。またその左には「地下鉄直営食堂」とある。右に見えるミツバチの絵のある建物は1921（大正10）年に完成した神谷バーで、「電気ブラン」はあまりにも有名である。路面電車は1925（大正14）年製造の4100型（4137？）である。

下 東京地下鉄道は現在の東京地下鉄（東京メトロ）にあたり、「東洋最初の地下鉄」とは現在の銀座線（浅草－渋谷）を指す。当時浅草－万世橋間3.8kmしかなかった東京の地下鉄は80年を経た今304.1km（都営地下鉄を含む）にまでなった。銀座線浅草駅にあった「地下鉄ビル」は数年前まで存在していたが、最近惜しくも解体された。付近の建物で変わらずに残るのは神谷バー（右端）のみ。2008年（平成20）8月撮影。

吉原仲の町 東京都台東区

上 新吉原は1657年の明暦の大火後ここに開設された遊郭で、浅草区（現台東区）の最北端に位置していた。貸座敷約300、娼妓約2000人を擁した。ここは古来、不夜城等の名で呼ばれ、その名は海外まで知られていた。写真はその入り口、大門近くの仲の町。この付近は道を挟んで引手茶屋が軒を並べていた。

下 現在の大門（かつての吉原の出入り口）付近。ソープランドの看板がかつての遊郭の面影を残す。1956（昭和31）年5月の売春防止法成立、翌年4月1日の施行によって、新吉原の300年近い歴史に終止符が打たれた。2010（平成22）年8月撮影。

古川《ふるかわ》の下流 東京都港区

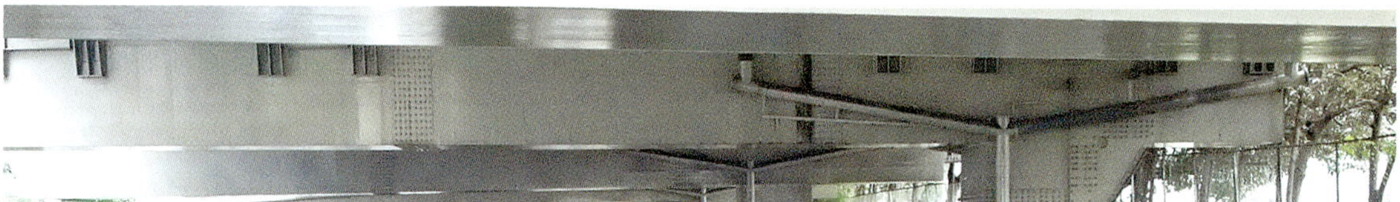

上 昭和初期の芝園《しばその》橋の上から上流を見たもので、右が芝公園の木立である。四谷台の南斜面に発する渋谷川は、港区の天現寺橋から古川となる。小舟で二の橋付近までさかのぼることができた。大雨が降るごとに天現寺橋から古川橋にかけて氾濫したという。

下 浜松町駅を下車して増上寺へ向かい、そこから左へ200mほど行くと芝園橋へ行き着く。橋上から見る古川はもはや川ではなく、単なる用水にすぎない。さらにその上には首都高速が重くのし掛かる。水質が思いのほか清浄なのが唯一の救いである。2009（平成21）年10月5日撮影（取材協力:原健氏）。

有楽町駅前 東京都千代田区

上 京橋付近に散在していた新聞各社は昭和初期に次第に丸の内に集まった。有楽町駅プラットホーム上に立てば、南に東京朝日新聞、北に東京日日新聞と報知新聞が見えた。ネオンサインや伝書鳩といった最先端の光景は、ここが帝都の中心であることを感じさせた。なお東京朝日新聞は1940(昭和15)年9月に大阪朝日新聞と統合して朝日新聞に、東京日日新聞は1943(昭和18)年1月に毎日新聞となった。

下 80年後の同所。ビルはすべて高層化され、駅前にはスクランブル交差点ができている。かつて「報知診療所」の看板が掛かっていた場所には、カメラ量販店の巨大な動画スクリーンがある。現在、朝日新聞社は築地へ、毎日新聞社は竹橋へ移転している。なお、かつて活発に利用された伝書鳩による通信（その帰巣本能を利用した）は1960年代に姿を消し、他の方法へ置き換わった。2010(平成22)年2月撮影。

本牧より市街を望む　神奈川県横浜市

上　本牧の岬は三渓園付近で断崖となり、そこから内陸に向かって数条の丘陵が走るので丘からの眺めがよい。南西は東京湾に臨み、北は横浜市内を見下ろすことができる。この写真は昭和初期の市内と港内の眺望で、右手の海岸の樹林は山下公園、中央は官庁街である。横浜市の市制施行は1889(明治22)年4月。当時の人口は約12万であったが、1930(昭和5)年の国勢調査時には約62万人に達していた。

下　横浜港は開港五港の1つである。港湾としての機能は衰えたが、東京から約30 kmと近いこともあり、横浜市の勢いは現在もまったく衰えを知らない。本牧沖は埋め立てられ、高層ビルが林立したため、丘陵上に立っても、山下公園を含めて海岸を俯瞰することは不可能となった。横浜市の現在の人口は約370万人。名古屋を抜いて全国第3位である。2007(平成19)年2月撮影。

本牧の鼻 神奈川県横浜市中区

上 昭和初期の本牧の鼻と十二支天社である。老樹が鬱蒼と茂る十二支天社は海を臨む絶勝の地を占め、横浜を守護するがごとく鎮座していた。付近には老松が多く、その奇形を競っていたという。三渓園を訪れた客は帰途必ずここで憩い、自然の妙味に三嘆した。この断崖は歌で名高い野毛山からが最も鼻らしく見える。

下 かつて海中に突出し、鼻のように見えた本牧の鼻は、今では周囲がすっかり埋め立てられ、内陸部に押し込められた格好となった。まさに激変である。かつての裸の地肌は樹木で覆われているが、外観からかつての姿を十分うかがい知ることができる。なお十二支天社は1946(昭和21)年に占領軍によって接収され、本牧山頂公園へ移設された。2007(平成19)年2月撮影。

横浜南京町(中華街) 神奈川県横浜市中区

上 横浜市の一角を占める中華街は、港町の特徴であるエキゾチックな匂いを持ち、見物客が是非一見すべき場所である。中国特有の建築物、金ピカの看板、料理の匂い、悠々と漫歩する中国人等、中国にいるような思いを抱かせる。中国料理で有名な店も多い。写真は昭和初期の中華街。麻雀の旗の後ろに見える「一」は一楽《いちらく》、その向こう隣は聘珍樓《へいちんろう》、いずれも現在も盛業中の中国料理店である。

下 現在の南京町(横浜中華街)は、ほとんどの建物が建て替えられて近代的な風景に変貌した。近年の食ブームも手伝って、休日ともなると訪れる客でごったがえす。2007(平成19)年2月撮影。

金沢八景 神奈川県横浜市金沢区

上 弁財天を祭る琵琶島神社から見た昭和初期の金沢平潟《ひらかた》の海岸風景。古くから「金沢八景」の名で知られたこの海岸は、干潮時は干潟となって潮干狩りに好適であった。歌川(安藤)広重による浮世絵「金沢八景」の平潟落雁《ひらかたらくがん》には、上空にV字を描く雁の群れ(マガンかヒシクイか)と、干潟で潮干狩りをする人々の姿が見事に描写されている。また、瀬戸秋《せとのしゅう》月《げつ》には、写真に写る瀬戸橋《せとはし》も描かれている。

下 上の写真同様に琵琶島から撮影した平潟海岸である。横浜市金沢区の誕生は意外に古く、1936(昭和11)年のことである。以来戦争を挟んでこの地域は横浜のベッドタウンとして、行楽地として、都市化への道をひたすら歩んだ。かつての「金沢八景」の面影はほとんどなく、もはや過去のものとなった。2010(平成22)年8月撮影。

鎌倉大観 神奈川県鎌倉市

上 緑に埋もれた昭和初期の鎌倉市街である。鎌倉が避暑避寒の好適地として有名になったのは1889（明治22）年の横須賀線開業以降で、1925（大正14）年に東京―横須賀間が電化されて時間が短縮されたため、東京への通勤が十分可能となった。写真は市内小町上の丘から遠く鶴岡八幡宮の社殿方向を俯瞰したもの。鎌倉市の市制施行は1939（昭和14）年11月。1940（昭和15）年当時の人口は約4万7000人。

下 戦後の鎌倉は東京のベッドタウン化がさらに進行し、保養地としての地位は相対的に低下した。また上の写真に見えるような豊かな緑もかなり少なくなった。しかし、「歴史の街」としての鎌倉の人気は高く、鶴岡八幡宮への参詣客や、市内各所の史跡めぐりに訪れる客は相変わらず少なくない。2009（平成21）年4月撮影（撮影協力：養老孟司氏）。

七里ヶ浜から江の島を望む　神奈川県鎌倉市、藤沢市

上 湘南の海岸からは江の島がよく見えるが、なかでも七里ヶ浜からの眺めが最も美しい。ことに夜間点々と旅館や漁家に灯火のともる景色はよい。七里ヶ浜の中ほどで海に入る行合川《ゆきあいがわ》は日蓮上人に関係の深いところで、街道には日蓮袈裟掛の松などもある。

下 海岸の一部を埋め立てて道路を拡幅し、島の周囲には大規模なテトラポッドが敷き詰められ、松林は消失……。この80年間の代表的な変貌3点セットといったところか。日蓮袈裟掛の松は石碑だけが残っている。なお江の島の頂上右寄りに見える突出物は、2003（平成15）年1月に完成した江の島展望灯台である。2009（平成21）年4月撮影。

箱根長尾峠 神奈川県足柄下郡箱根町

上 昭和初期の長尾峠。隧道口付近の山林がゴルフ場のように丸坊主なのが印象深い。平らな山道をたどり、この隧道をくぐると静岡県となり、天候次第では眼前に美しい富士の姿が飛び込んでくる。昔も今も人々に最も近い山が富士であり、このあたりはその眺望で名高い。

下 昭和初期には丸坊主だった山肌が今は鬱蒼と茂った森林に変わっている。80年間という年月を考えると、この変化(二次遷移) のスピードはきわめて早い。おかげで長尾隧道の入り口が見えなくなってしまった。長尾峠は神奈川県足柄下郡箱根町と静岡県御殿場市との境界をなし、標高は911m。静岡県側からは富士山が眺望できる。2007(平成19)年8月撮影。

熱海駅前 静岡県熱海市

上 自動車の発達と道路の完備はアメリカ合衆国のみの問題ではなく、日本においても昭和初期すでに自動車交通が盛んになりつつあった。伊豆半島には船の便もあったが、重要な交通機関は乗合自動車（バス）であった。これは熱海駅前に勢揃いした路線バスである。「伊東ゆき、東海自動車」などという乗り場案内が見える。

下 熱海駅の開業は1925（大正14）年。東海自動車はその開業にあわせて熱海－伊東間の路線バスを開業した。1938（昭和13）年には熱海－伊東間に伊東線が開通し、さらに1961（昭和36）年には伊東－下田間に伊豆急行が開業したため、この区間のバス路線は消失した。現在は同じところにタクシーが並んでいる。2009（平成21）年8月撮影。

熱海温泉 静岡県熱海市

上 熱海温泉は修善寺温泉と共に昔から伊豆の温泉を代表してきた。修善寺が史蹟に富むのに対して、熱海はその風景の美しさと間欠泉の現象の面白さで知られている。したがって、修善寺は歴史の温泉、熱海は地理の温泉といえる。だが、その特色であった間欠泉も、関東大震災後に噴湯を止めてしまった。

下 「東京の奥座敷」熱海は、昭和初期にはまだ町制で、市制施行は1937(昭和12)年のことである。新幹線や高速道路の発達によって東京の奥座敷としての地位は低下し、近年は東京への交通の利便性が注目されて、リゾートマンションが目立つ。また箱根と同様に、かつての禿山(ミカン畑?)が今ではすっかり木々に覆われている。2009(平成21)年8月撮影。

狩野川と黒瀬橋 静岡県沼津市

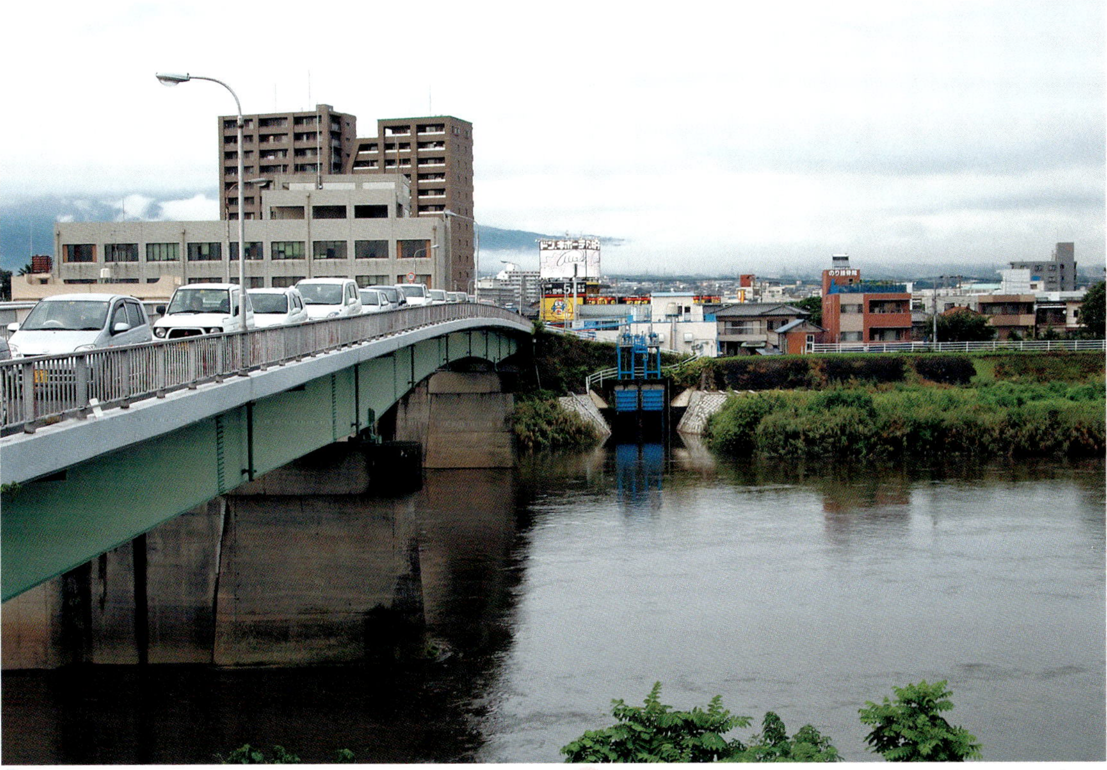

上 昭和初期の黒瀬橋と旧東海道の松並木。背後に見えるのは愛鷹山《あしたかやま》である。伊豆半島のほぼ中心近くを北へ流れる狩野川は、富士の東裾から南下する黄瀬川と合流して、急に西行し、沼津市街を右に見ながら駿河湾に流れ込む。旧東海道上を行く路面電車は「駿豆《ずんず》鉄道」の車両で、沼津駅前と三島駅前とを結んでいたが、1963(昭和38)年7月に廃止された。なお、沼津の市制施行は1923(大正12)年7月。

下 狩野川沿岸は数多の水害に見舞われ(特に1958(昭和33)年9月の狩野川台風は有名)、堤防のかさ上げと橋梁の架け替えが実施されている。旧東海道のシンボルであった松並木も今ではすっかり消失してしまった。橋上の自動車の列が現代を象徴している。なお井上靖の自伝的小説『夏草冬涛』『北の海』には大正末期の沼津市街のたたずまいが描かれている。2009(平成21)年8月撮影。

田子の浦 静岡県富士市

上 昭和初期の田子の浦から北に富士を仰ぐ。海上の帆掛け舟が点景となって実に美しい。田子の浦は駿河湾奥に弧状をなす海岸で、富士の裾野に源を発する潤井川《うるいがわ》と、愛鷹山麓の浮島ヶ原を西流して浮島沼を貫流し南折して海に注ぐ沼川との間に相当する。古来詩歌に紀行にその絶勝を讃えられ、ことに百人一首に収められた「田子の浦にうち出でて見れば白妙の富士の高嶺に雪は降りつつ」は有名である。

下 上記の和歌は万葉集収録の山部赤人作「田子の浦ゆうち出でてみれば真白にそ富士の高嶺に雪は降りける」を改作したものである。戦後の港湾造成により、田子の浦港は大きく変貌した。また、富士の裾野に広がる製紙工場群からの排出物による港湾内のヘドロ堆積は、1970年代に「田子の浦ヘドロ公害」として広く全国に知られるようになった。2010(平成22)年2月撮影。

河合橋から見た富士山 静岡県富士市吉原

上 昭和初期の河合橋と富士山。沼川の清流は、この橋下を過ぎてさらに西へ向かう。河合橋は旧東海道に架かる名橋で、橋のたもとの松は吉原の宿場町まで続いていた。橋の欄干から富士を静観し、茫々たる裾野に昔の巻狩りや曾我兄弟の事を想い、程近い富士川や天の香久山を望んで、栄華を極めた平家の末路や戦国時代を追想するとき、さまざまな感慨を催すことであろう。田子の浦からの波の音も聞こえたという。

下 現在の河合橋には戦前の面影はほとんどない。唯一変わらないのは彼方に望む富士山のみ。1939（昭和14）2月完成の現在の河合橋はコンクリート製の変哲のない橋となり、松並木もすべて消失した。加えて河川改修のせいか、沼川の流れもすっかりよどんで、もはや清流と呼べる状態ではなくなった。2010(平成22)年2月撮影。

入山瀬駅付近から眺める富士山 静岡県富士市

上 富士身延鉄道（現JR身延線）入山瀬駅付近から見た富士山。長方形に並ぶ屋根は富士製紙会社の第1工場、煙を吐いて走るのは富士身延鉄道の貨物列車である。富士の裾野で生産される種々な物資と豊富な水力は、この地帯に幾多の産業や集落の発達を促した。富士の表登山口であり、浅間神社本社のある大宮町や、富士製紙第2工場の所在地である富士根など、いずれも富士を背景として発達した。

下 富士身延鉄道は1913（大正2）年に開業し、1941（昭和16）年に国有化され身延線となった。富士製紙会社（のちに王子製紙に吸収された）は1887(明治20)年設立で、第1工場が入山瀬に存在したが、1943(昭和18)年に営業停止している。写真中央の高架は建設中の第二東名高速道路で、この付近に富士インターチェンジができる予定という。2010(平成22)年2月撮影。

安倍川の鉄橋 静岡県静岡市

上 安倍川は大井川や富士川と違って直線的な川である。したがって水勢も強く、一度雨が降ればその流れはすさまじい。昔の宿場にはどこでも名物があったが、ここの安倍川餅はその中でも有名なものの一つであろう。写真左の方に昔の面影をしのぶ餅屋が見えている。旧静岡市の市制施行は1889(明治22)年。1930(昭和5)年の国勢調査による旧静岡市の人口は13万6000人。

下 餅屋はもちろん建て替えられたものの、今も健在である。しかし道行く人々に涼をもたらした路上の大木はもうない。かつては悠然と道の真ん中を通っていた歩行者や自転車は、後から作られた人道橋へ移されている。清水市との合併直前の2000（平成12）年の国勢調査による静岡市の人口は約47万人。2009(平成21)年8月撮影。

上 大井川といえば錦絵を思い、川止めを思い浮かべる人もあろうが、今では東海道線の列車が5分とかからぬ間に通過してしまう。1929(昭和4)年に完成した公道橋と並んで、この鉄道橋は全長1kmあまりの堂々たるものである。写真の列車はダブルルーフの鋼製客車9両編成、残念ながら蒸気機関車の形式は特定できない。C51か、それとも当時新製されたばかりの3シリンダーのC53か。

下 立派なトラスが並ぶ大井川橋梁の下り線は1915（大正4)年に竣工したもので、戦前のものと変わりない。東海道本線が全線電化されたのは1956(昭和31)年である。貨物列車を牽引するのはEF66型直流形電気機関車。2009（平成21）年8月撮影。

善光寺前銀座通り 長野県長野市

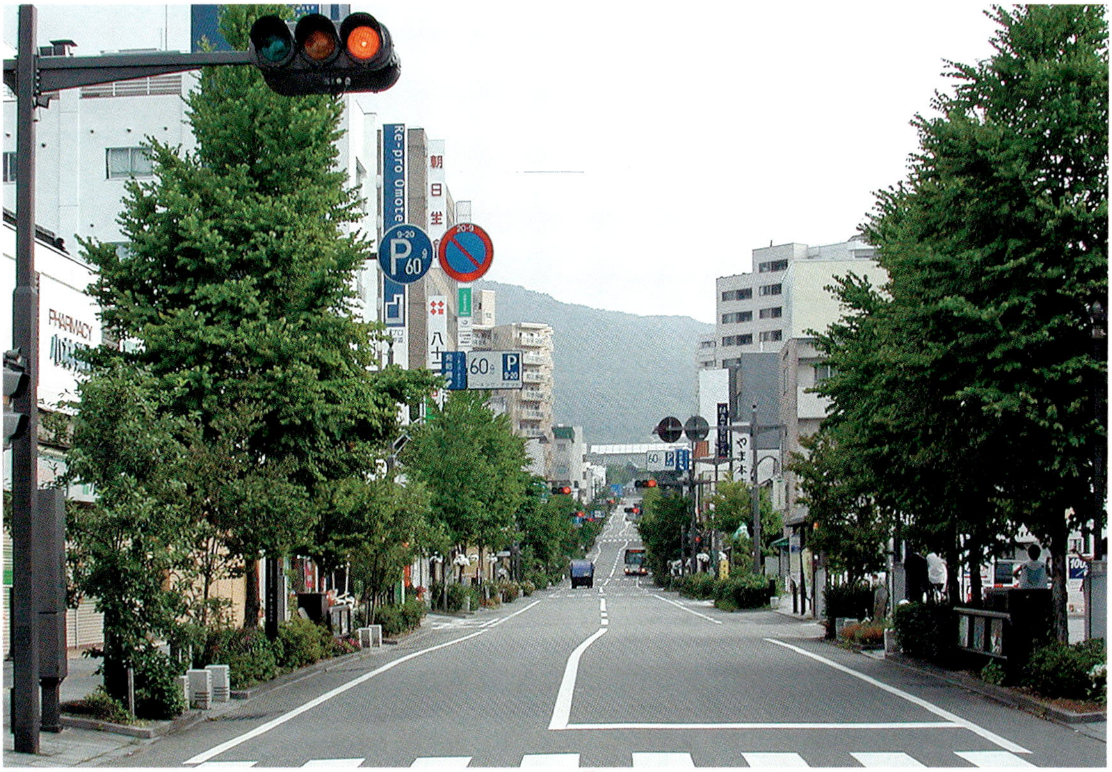

上 長野市善光寺前銀座通りは、長野駅から市内の中央を一直線に貫いて真北に走り、善光寺の仁王門に達する市内第一の大街路。全長約2km。正面の行き止まりが仁王門、その背後に仲見世を隔てて本堂がある。善光寺あっての長野市であるが、その賽銭箱となっているのがまさにこの大通りの大小の商店旅館である。1930（昭和5）年の国勢調査による長野市の人口は約7万4000人。

下 銀座通りは、現在は長野中央通りと呼ばれているが、長野駅から善光寺門前を結ぶ最短経路であることに変わりはない。路面は舗装され、信号機が設置された。周囲の店舗もすべて建て替わり、変わらないのは善光寺と背後の山並みのみか。長野県の県庁所在地である長野市の現在の人口は38万人を超える。2006（平成18）年7月撮影。

上 篠ノ井線姨捨《おばすて》駅ホーム上から北に善光寺平を望む。善光寺平は川中島の合戦の舞台としてあまりにも有名。直下に姨捨公園の月見岩が白く見え、右方には「田毎の月」として知られる棚田が広がる。千曲川に沿って旧八幡村と稲荷山町が、さらに山の麓に埴生村と屋代町が存在する。曲折する千曲川の流れの見え隠れする彼方に長野市がある。

下 1973（昭和48）年3月に電化された現在の姨捨駅ホーム上から見た善光寺平。この絵に描いたような絶景は、「日本三大車窓」の一つに数えられる（他は根室本線狩勝峠と肥薩線矢岳駅）。かつての姨捨伝説に由来する独特な駅名もまたこの風景に趣を添える。月夜の美しさにも定評があり、姨捨は2008年に全国第1位の「お月見ポイント」に選ばれた。2006（平成18）年7月撮影。

縄手通り 長野県松本市

上 松本市の中央、縄手通りは、商家が建ち並ぶ最も繁華なところである。松本市は北アルプス登山の起点で、夏季は登山客で雑踏し、市内には登山用品・土産物を販売する店が多い。白樺の人形などは付近の農村で農閑期を利用して製作している。松本市の当時の人口は約6万7000人。

下 2001（平成13）年に全面改装された「縄手通り商店街」は、一部昔の町並みが再現された。80年前の写真と比較してみていただきたい。今や観光スポットとして一般観光客でにぎわう半面、登山用品店はあまり見当たらない。現在松本市の人口は24万人を超える。2006（平成18）年7月撮影。

甲府市大観 山梨県甲府市

上 戦前の甲府市街を甲府城址から眺めた景観である。甲府は甲府城の城下町として栄えたが、明治維新後は山梨県における行政・教育・産業・交通などあらゆる文化の中心地となっている。市街は整然と区画を保ち、当時競って改造された大建築物が軒を並べている。写真に見える高壮な建築物は山梨県庁と県会議事堂であるが、他に商工会議所・甲府市庁等、いずれも誇るに足る建築である。1930(昭和5)年の国勢調査による甲府市の人口は8万人弱。交通機関は中央線と富士身延鉄道(現在のJR身延線)があり、乗合バスはここを起点として県下主要町村に通じていた。背景の美しい山並みは積雪に輝く白根連峰である。甲府の市制施行は1889(明治22)年7月である。

下 県庁舎は1930(昭和5)年竣工で、上の写真は竣工直後の姿である。現在も教育委員会等を入れた県庁別館として健在である。また1928（昭和3）年竣工の県会議事堂も健在である。いずれも老朽化が顕著であるが、県は改修により長く残す方針とのことで、誠に喜ばしい限りである。一方背景の建物はすっかり建て替わった。なお甲府市街は1945（昭和20)年7月7日にアメリカ軍による空襲を受けている(七夕空襲)。甲府市の現在の人口は約20万人に達する。2008（平成20)年1月撮影。

柾谷小路《まさやこうじ》 新潟県新潟市

上 新興都市の装いをこらし、近代的な建築や道路を擁して発展しつつある新潟市。その中心部の目抜き通りに相当する柾谷小路である。右側の建物が新潟新聞社で、その隣が市役所、その向かいが警察署である。一流の店舗も建ち並ぶ。新潟市の1930（昭和5）年の国勢調査による人口は約12万5千人。

下 2007（平成19）年6月に撮影した柾谷小路。立派な歩道ができ、この位置からでは歩行者が見えなくなった。警察署は東側の寄居町へ移転し、現在は新潟三越（1980（昭和55）年までは小林百貨店）が建っている。新潟新聞社跡には三菱東京UFJ銀行新潟支店が、市役所跡には「NEXT21」と呼ばれる地上21階の大型テナントビルが建ち、周辺もすっかり高層化された。現在の新潟市の人口は80万人を超えた。

新潟市内の運河 新潟県新潟市

上 昭和初期、新潟の町には縦横の運河が貫流して碁盤目の水上交通網をなし、これが消火用水としても使われていた。運河を挟んで右が西堀前通り、左が西堀通りである。いずれも古風な落ち着きを見せている。

下 1950年代まで市内に残っていた堀は埋め立てられ、現在は道路に変わっている。かつては運河とその岸辺の柳が新潟市街の特徴の一つであった。道路際の建物も多くは高層ビルに取って代わり、かつての面影を見出すことは不可能である。2007(平成19)年6月撮影。

萬代橋《ばんだいばし》 新潟県新潟市

上 萬代橋は新潟名物の第一であると同時に日本有数の名橋でもある。1886（明治19）年に新潟日日新聞社長の内山信太郎、第四銀行頭取の八木朋直らが私財を投じて架橋した初代萬代橋は長さ782mの木造橋であった。1929（昭和4）年に近代式の鉄筋コンクリート橋に架け替えられ、昔の木橋に代わる文化の象徴として今も堂々たる姿を示している。

下 新潟市のシンボルである信濃川と萬代橋の組み合わせは今も同市を代表する景観である。しかし、河岸の埋め立てと周囲の建物の高層ビル化は日本全国どこも同じで、ここもまた例外ではなかった。2007（平成19）年6月撮影。

信濃川分水自在堰 新潟県燕市五千石

上 信濃川放水路の建設は当時東洋一の大分水工事といわれた。これは信濃川の水を来迎寺付近からじかに日本海に放水させるものであった。本流には洗堰や自在堰を設け、水量調節を図った。写真は1922（大正10）年に完成した自在堰である。満々として流れ、氾濫しようとする激流をここで調節し、下流地域の安全を期している。

下 この自在堰は1927（昭和2）年6月に陥没し、稼動不能となった。代わって1931（昭和6）年に可動堰に置き換えられたが、その可動堰も役割を終え、現在は段差が残るのみ。2007（平成19）年6月撮影。

富山市街 富山県富山市

上 昭和初期、雪が降り始めた頃の富山市街の全景。富山市は富山県の中央に位置し、1930（昭和5）年の国勢調査による人口は7万5000人。県の政治・経済・交通の中心地となっている。ことに売薬の本拠地としてその名は天下に高い。県庁・市役所・商業会議所・薬学専門学校・高等学校などの所在地でもある。

下 冬の富山市街。降雪の多さは相変わらずであるが、除雪技術が進歩し、交通が遮断されるようなことはあまりなくなった。富山市は北陸では金沢市とともに特別市に指定され、人口42万人を数える。道路中央を走る単線路線は2009（平成21）年12月23日に開業した富山地方鉄道富山市内軌道環状線（3系統）である。2010（平成22）年1月撮影。

総曲輪《そうがわ》通り 富山県富山市

上 昭和初期の雪が溶け切らぬ時期の総曲輪通り。ここは富山市銀座と呼ばれ、店舗という店舗は春風に旗をなびかせて客を呼ぶかのようである。長い冬の生活が過ぎ去ると雪国にも春が訪れる。人々は晴れやかな顔をして表通りに繰り出す。

下 1953（昭和28）年に全国で5番目にアーケードが設けられた総曲輪通り商店街は、富山城の外堀を埋め立ててできた。冬の積雪は近年やや少なくなったものの、相変わらず寒さは厳しい。日本全国、大都市の目抜き通りの大半はアーケード化されているが、富山のような雪国にこそふさわしい。2010（平成22）年1月撮影。

香林坊《こうりんぼう》 石川県金沢市

上 昭和初期の香林坊から片町通方面を望む。路面電車全盛の金沢市街の姿である。香林坊は金沢市のほぼ中央に位置する交通の中心地である。劇場や映画館が多いので夕刻から人出が多く、往来を埋めることも珍しくなかった。当時から金沢市内で最も雑踏を極めたところであった。金沢市の市制施行は1889(明治22)年4月1日。1930(昭和5)年の国勢調査による金沢市の人口は15万7000人余りである。

下 現在、金沢市の人口は45万を超え、1996(平成8)年には中核市に指定された。市街は第2次世界大戦時に空襲を受けなかったため、戦前の町並みを色濃く残している。1919(大正8) 年2月に開業した路面電車、北陸鉄道金沢市内線は1967(昭和42)年2月に廃止された。井上靖は自伝的小説『北の海』で、昭和初期の金沢市街のたたずまいを詳細に描いている。2010(平成22)年1月撮影。

金沢城址 石川県金沢市

上 北国の雄鎮金沢城、その面影をしのばせるものは何といってもこの石川門である。昭和初期には歩兵第7連隊の入り口になっており、白亜に鉛瓦で葺いた楼門が樹木の中に輝いている。電車と電柱がなければ封建時代の風景かと見まごうばかりである。

下 金沢城石川門（重要文化財）は今も変わらず健在で、2013（平成25）年には改修工事が終了する予定である。ダブルルーフ（二重屋根）の木造単車の路面電車が走っていた道路は片側2車線に拡幅され、今では大型バスや乗用車が頻繁に往来している。冬の撮影のため、門の屋根には雪化粧が施されていた。2010(平成22)年1月撮影。

片山津《かたやまづ》温泉と柴山潟 石川県加賀市

上 昭和初期の片山津温泉と柴山潟の風景である。片山津温泉は柴山潟の南西岸に位置する、眺めのいい好温泉場である。昔、大聖寺藩主が潟に舟で繰り出した時、水鳥の群れ飛ぶのを見て湯の湧くことを知ったといういわれがある。当時の最寄り駅は北陸本線動橋《いぶりはし》駅で、駅から電車(北陸鉄道片山津線)が通じていた。

下 上述のように、かつては国鉄動橋駅から北陸鉄道片山津線が通じていたが、1965(昭和40)年に廃止されている。現在は特急停車駅の北陸本線加賀温泉駅(旧作見駅)が最寄り駅となっているが、同駅からの定期路線バスが廃止されたために、JRからのアクセスが不便になってしまった。2010(平成22)年2月撮影。

福井駅前通り　福井県福井市

上　羽二重《はぶたえ》で名高い福井市は昭和初期に急速に発展した。左手の近代的な洋館は新装した百貨店で、当時の福井市の発展ぶりをうかがうことができる。福井市の市制施行は1889（明治22）年。1930（昭和5）年の国勢調査による福井市の人口は約6万4000人である。

下　道路中央を走る路面鉄道は福井鉄道福武《ふくぶ》線で、上の写真が撮影された直後の1933（昭和8）年10月に駅前まで開通した。繁華街のど真ん中を大型車両がゆっくりと走る姿は、他の都市ではめったに見られない。写真の車両は610型。2010（平成22）年1月撮影。

敦賀港 福井県敦賀市

上 欧亜連絡華やかなりし頃の敦賀港。ここから旧ソ連のウラジオストクへの定期便が発着していた。手前の線路は敦《つる》賀《が》港《みなと》駅。この航路を利用して、東京－敦賀港―ウラジオストク港―シベリア鉄道―ヨーロッパ各国というルートが確立していたため、この港は特に重要であった。敦賀―ウラジオストク間の所要時間は約40時間であった。当時の敦賀は町制でありながら人口2万を超えていた。

下 第2次世界大戦の激化に伴い欧亜連絡は途絶え、定期航路も廃止された。港自体も1945（昭和20）年7月の空襲で多くの建物が破壊された。桟橋前の立派な建物群は、現在全くその面影をとどめていない。鉄道も2010（平成22）年3月をもって休止（事実上の廃止）された。敦賀の市制施行は1937（昭和12）年4月。2010（平成22）年8月現在の同市の人口はおよそ6万8000人。2010（平成22）年9月撮影。

思案橋 福井県坂井市三国町

上 「三国三国と通うやつ……帯の幅ほどある町をある町を」と俗謡「三国節」にあるように、三国町は東西に帯のように長い。旧藩時代には、町の中央にある思案橋が、南（川下）の丸岡藩滝谷出村と北（川上）の福井藩三国湊の境界であった。三国は船着場として遊び場（遊郭）が栄え、「三国傾城《けいせい》」の名は遠近に知られていた。

下 思案橋という地名は長崎市にもあるが、いずれも遊郭と結びついているところが興味深い。すなわち長崎は「丸山」（P187）であり、福井三国は「出村」である。かつて建ち並んでいた人家は櫛が抜けたようになり、駐車場になっている。名物思案橋もよほど注意して探さないとなかなか発見できない。2010（平成22）年9月撮影。

豊川稲荷の門前 愛知県豊川市

上 俗に豊川稲荷といわれるのは妙厳寺の荼枳尼天《だきにてん》のことである。通俗な神さまとして参詣客が多く、門前には土産店・飲食店がにぎわう。毎年旧暦の11月21・22日には大祭が行われ、大提灯が点されて大変なにぎわいを呈する。写真に見える「御支度所《おんしたくじょ》」とは簡易食堂のこと。「ツル（鶴）正宗」は京都伏見の谷酒造（現、鶴正酒造）、「白雪」は兵庫県伊丹の小西酒造の各々今も健在の清酒の銘柄である。

下 道路が舗装され、参道の店舗も建て替えられているが、依然として昔のたたずまいは残されている。特に左端の大島屋酒店は戦前の建物の雰囲気をよく残している。飲食店のメインが天丼・親子丼からうなぎへと変わっているのが目に付く。2009（平成21）年8月撮影。

上 岡崎市の西を流れる矢作川《やはぎ》に架かる愛知電鉄鉄橋。かつて東海道の名都であった岡崎は、東海道本線からはずれて明治以降繁盛を失ったが、愛知電鉄が通じて名古屋、豊橋への中間都市となり、再び盛りかえす勢いである。写真は名古屋方から豊橋方へ向けて撮影したもので、この車両は合併後3080形と称したものと思われる。岡崎の市制施行は1916(大正5)年、昭和初期の人口は約3万8000人。

下 愛知電鉄はおおよそ現在の名古屋鉄道の神宮前から東の路線に相当し、1935(昭和10)年に名岐鉄道と合併して名古屋鉄道本線の一部となった。写真は岩倉行き6500系電車である。現在の岡崎は名古屋や豊橋のベッドタウンとしてのほか、国立基礎生物学研究所や生理学研究所等の研究施設を誘致した文化都市としての側面も併せ持つ。現在の人口は約39万人。2009(平成21)年8月撮影。

名古屋城址 愛知県名古屋市中区・北区

上 伊勢音頭に「尾張名古屋は城でもつ」とうたわれた名古屋城の天守閣は石垣上に厳然と構え、300年の昔、徳川家康が加藤清正はじめ多くの大諸侯に築かせた堅固な姿を保つ。五重の天守閣は高さ32m余、鯱の高さは約2.5m。旧60万石の大城下町だった名古屋は、1889（明治22）年10月1日に市制施行した。1930（昭和5）年の国勢調査による人口は90万7000に達し、東京、大阪に次ぐ大都市であった。

下 現在の名古屋市の人口は約226万人。戦後横浜市（約370万人）に抜かれたものの全国4番目の大都市である。名古屋城は1945（昭和20）年5月14日、アメリカ軍の空襲により天守閣はじめ主要な建物すべてが焼失した。再建は戦後で、天守閣は1959（昭和34）年、本丸御殿は2010（平成22）年にようやく復元された。2009（平成21）年12月撮影。

関ヶ原古戦場 岐阜県不破郡関ヶ原町

上 写真は関ヶ原駅の北約0.5kmにある丸山（東軍狼煙台の所在地）の上より西南に向かって関ヶ原古戦場の中心部を写したもの。前面に並ぶのは大日本紡績関ヶ原工場、その後が関ヶ原市街である。正面に黒く見えるのは松尾山の連山。内応軍の本家小早川秀秋はこの中央部の山上に陣し、その山下に脇坂・朽木・小川・赤座の内応軍が控えていた。それより右手に当たる山間部は中山道の不破の関のあった所で、この裏手の山に西軍の総参謀格の大谷吉継が陣し、その前面に平塚・戸田・木下が控え、そのすぐ右隣の南天満山の下に西軍総大将格の宇喜多秀家が構えていた。宇喜多の右には小西行長、なおその右には島津軍が控えていた。そしてその北に笹尾山を背にして西軍の参謀石田三成が本陣を構えた。これに対して東軍は、先鋒を承った福島正則が藤堂・京極の諸将と中山道を隔てて宇喜多軍と対陣し、細川・加藤・筒井・田中・黒田・竹中の諸将は島津と石田とに向かって陣を構え、その後方に生駒・金森・織田・古田が後詰として控

え、井伊直政と松平忠吉はこれら東軍諸将の中央に本陣を据え、本多忠勝は監視役として最も後方に位置していた。これが慶長5年9月15日（1600年10月21日）午前8時戦争開始前の陣形である。この時家康はなお関ヶ原の東1km余の桃配山にあって、後方より形勢を観望していた。（当時東京帝大名誉教授だった脇水鉄五郎による解説文を一部改変）

下 2010（平成22）年1月に同所（丸山）より撮影。大日本紡績（ニチボー、後にユニチカ）関ヶ原工場は1924（大正15）年に操業開始、1988（昭和63）年に閉鎖されるまで同町の中心産業として君臨していた。跡地はTHKの岐阜工場と住宅地になった。

垂井の岐道 岐阜県不破郡垂井町

上 橋を渡って正面に一基の道標が建てられている。右の松の並木路が美濃路で、牛車の通っている方は木曽路である。ここは旧中山道の分岐点に当たり、交通の要衝になっていたので、付近には名所旧跡が多く、垂井泉南宮神社や国分寺址などがある。

下 現在、道標は写真中央の松の木の下に移されている。道筋に変化が見られないので、その他の変化がわかりやすい。たとえば、路面はアスファルト舗装され、道路標示が出現し、牛車が自動車に置き換わったことなど。また、かつて立派な並木を形成していた松はすべて消失している。2010(平成22)年1月撮影。

名和昆虫研究所 岐阜県岐阜市

上 昭和初期の名和昆虫研究所。1896(明治29)年、故・名和靖の創立した名和昆虫研究所は岐阜の名所の一つとなっている。自動車の止まっているところが研究所の入口で、そのかたわらに立つ無帽の人が当時の所長・名和梅吉、研究所の後方に見える建物は大阪朝日新聞社寄贈の標本室である。

下 上記の説明通り、この研究所は1896(明治29)年の創立だが、現在の位置に建ったのは1901(明治34)年のことである。以来100年以上にわたって昆虫の研究と応用に携わってきた。現在は名和昆虫博物館と称する。2007(平成19)年2月撮影。

津の観音と市街 三重県津市

上 津は1889（明治22）年にわが国で最初に市制施行した32都市のうちの一つで、三重県の県庁所在地である。津市で一番にぎやかな大門町の突き当たりに観音寺がある。高虎公の建立した観音寺の一帯は東京の浅草によく似て、夜分はなかなか繁盛した。左手前は楼門で、中央が本堂、右手が阿弥陀堂で、いずれも特別保護建造物である。1930（昭和5）年の国勢調査による津市の人口は約5万6000人。

下 津は1945（昭和20）年7月24日のアメリカ軍による空襲で全域が被害を受け、観音寺も本堂をはじめとして多くの建物を焼失した。現在の本堂は1968（昭和43）年に再建されたものである。楼門と阿弥陀堂はいまだ再建されていない。市街も空襲のためにすっかり破壊されたが、現在は県庁所在地にふさわしい近代都市として再生している。津市の現在の人口は約28万6000人。2007（平成19）年2月撮影。

五十鈴川《いすずがわ》 三重県伊勢市

上 昭和初期、和服姿の伊勢神宮参詣客がそろって五十鈴川で手洗いをする光景。老若男女みな大真面目な表情で川の水を使う様子に、当時のお伊勢参りに対する人々の思いがうかがえる。内宮第二の鳥居を過ぎると右手に五十鈴川の清流が見える。当時は底の緑色の岩と小石が数えられるほど水が澄み、大きなコイやアユやウナギがたくさん生息し、いずれも人に慣れて、手先にかみつくほどであったという。

下 伊勢神宮はほぼ20年周期で建物を造り替える「式年遷宮」で知られている。現在の建物は1993（平成5）年に遷宮されたもので、次回は2013（平成25）年の予定である。五十鈴川のたたずまいは80年前とあまり変わらないが、参拝客の身なりはすっかり様変わりし洋装になった。また外国人観光客の姿も目立つ。魚の姿はほとんど見られない。2009（平成21）年8月撮影。

二見浦《ふたみがうら》海岸の茶店　三重県伊勢市二見町

上 昭和初期の二見浦海岸の茶店風景。左端が二見浦の有名な夫婦岩のあるところで、この辺り一帯の海岸は実に風光明媚に恵まれている。宇治山田から参宮電車に乗って二見ヶ浦駅に達し、駅から海岸に向かう途中には、大小の旅館や飲食店、または貝細工店がにぎやかに旅客を呼んでいる。

下 旅館街と海岸との間に防波堤が造られたために、この辺りの風景はだいぶ変わった。道行く若者の姿はかつての和服姿と違ってすっかり開放的になり好対照を見せる。参宮電車は現在の近鉄鳥羽線に相当する。2009(平成21)年8月撮影。

三井寺《みいでら》からの眺め　滋賀県大津市

上　昭和初期の三井寺。境内に立つと、足元には琵琶湖沿いに大津市街が、右には第一疎水三保崎取水口、左には歩兵第9連隊の練兵場の広場が見える。夏季に水泳場となる柳崎の砂浜は湖中に突出し、はるかには湖西の山々が望まれる。右端の建物では名物の三井寺力餅や土産物を売っている。大津市の市制施行は1898(明治31)年10月、1930(昭和5)年の国勢調査による人口は約3万4000人である。

下　ほぼ当時のまま残る三井寺とは対照的に大津市街は大きく変貌している。琵琶湖の湖岸の埋め立ても進んだ。それでも柳崎の水泳場は健在である。滋賀県の県庁所在地である大津市の現在の人口は市域の拡大もあり33万人を超えている。2007(平成19)年9月撮影。

湖都大津 滋賀県大津市

上 昭和初期の琵琶湖における水上交通の中心はこの大津港である。湖畔各地への定期船、あるいは名所遊覧の汽船が集まっていた。だが琵琶湖の過去の任務はさらに大きく、京阪を中心に日本海と太平洋とを連絡する要路に当たっていたため、明治時代までは著しい活躍を見せていた。

下 かつての港は埋め立てられ、道路と広大な駐車場と化している。陸上交通の発達により、琵琶湖における水上交通の生活路線としての使命はほぼ終焉し、観光用クルーズ船などの運航に主眼が移っている。2007(平成19)年9月撮影。

南座 京都府京都市東山区

上 南座はわが国の劇場のうち最も古いものの一つである。永禄年中、近江国の浪人、名古屋三左衛門がこの地にやって来て、巫女お国(出雲の阿国)と共に立会いの狂言を仕組み、祇園社南門に興行したのち、四条河原に興行場を定めたと伝えられる。京都の劇場は一時七座となったが、今に伝わるのはこの南座のみ。この建物は1929(昭和4)年に改築落成した。

下 上の写真の建物は現存し、1991(平成3)年に改装され、登録有形文化財に指定されている。かつての「月桂冠」の看板は消えたが、「祇園饅頭」は健在である。2010(平成22)年5月撮影。

四条通と東山 京都府京都市東山区

上 四条橋上から見た昭和初期の東山一帯。京都市の東側にある東山には著名な神社仏閣が多い。中央が市内を東西に走る大通り、四条通で、その突き当たりに八坂神社がある。右端は南座の一角で、遠く東山との間に見える複雑な屋根は都をどりで名高い歌舞練場である。その彼方の甍は高台寺、その右側に清水寺《きよみずでら》が見える。京都市の市制施行は1889(明治22)年4月、1930(昭和5)年の国勢調査による人口は76万5000人である。

下 路面電車は廃止され、四条通のこの辺りは4車線道路になっている。突き当たりに見えるのが今も変わらぬ八坂神社である。通り沿いの商店街は京都市街でも有数の盛り場を形成している。京都三大祭の一つ、祇園祭は八坂神社の祭礼で、毎年7月に行われ、四条通は大いににぎわう。2010(平成22) 年8月現在の京都市の人口は146万4000人。2010 (平成22) 年5月撮影(撮影協力:菊水)。

賀茂川と疏水 京都府京都市東山区

上 四条大橋の上から見た賀茂川と疎水。左が疎水、右は賀茂川で、水浅く小石が露出する。間を走るのが京阪電車で、車両は100形と思われる。賀茂川に架かる団栗《どんぐり》橋と松原橋、はるかに五条大橋も見える。京阪電車(京阪電鉄)が四条まで通じたのは1915 (大正4) 年10月27日のことである。「琵琶湖疏水」は明治23 (1890) 年、青年技師田辺朔郎《たなべさくろう》が中心となって完成した。

下 琵琶湖と京都を結ぶ琵琶湖疎水を活用した電力によって京都市電が開業した。京阪電鉄の東福寺－三条間の地下化に伴って、四条(現、祇園四条)駅が地下化されたのは1987(昭和62)年5月24日のことである。この地下化に伴い、疎水は暗渠化され、上は道路となった。賀茂川畔の景観も時代と共に変化したことが、背景のビル群からうかがえる。2010(平成22)年5月撮影(撮影協力:菊水)。

四条大橋と南座 京都府京都市東山区

上 四条大橋は三条五条と共に官橋(国の建設した橋)で、初めて架設されたのは12世紀半ばという。以来幾変遷を経て、1913(大正2)年3月に現代式のアーチ型の橋が竣工した。橋上には市電の姿も見える。橋の突き当たりにあるのはレストラン(現、菊水)。京阪電車四条駅も見え、また右手には有名な南座(P107)が建つ。この橋は1942(昭和17)年に現在の橋に架け替えられた。

下 さすが京都、南座のみならず、橋の突き当たりのレストラン(現、菊水)もその姿を今に残している。しかし京阪電車は地下に潜り、四条駅は「祇園四条」と名称が変わった。市内電車(四条線)は1972(昭和47)年10月に廃止され、今は大型バスが走る。道行く人々の服装は和装から洋装へと様変わりしたが、人通りの多さは今も変わらない。2010(平成22)年5月撮影(撮影協力:東華菜館)。

上 「八坂の塔」は法観寺《ほうかんじ》の五重塔の通称だが、寺自体を指す通称ともなっている。592年聖徳太子の草創と伝えられる、わが国の仏塔の嚆矢である。以前は伽藍楼門が壮麗を極めたが、幾度かの火災で消失した。この塔は1440（永享12）年に足利義教が再建したもの。本尊として五智如来像を安置する。

下 高さ49mのこの五重塔は重要文化財に指定されている。五重塔のみならず、この坂道も戦前のたたずまいを今に残している。休日ともなると老若男女や親子連れ、修学旅行の学生等でにぎわう。2010（平成22）年5月撮影。

知恩院前の白川橋　京都府京都市東山区

上 三条白川橋は東山の麓、知恩院の近くにある。平安時代にはこの辺りを中心に、北の白川から吉田・岡崎、南の圓山・清水にかけて、藤原氏一門以下の別業（別荘）や別邸のあったところとしてすこぶる繁盛した。すなわち白河と称せられた地で、京白河と一つ名で呼ばれた。その繁盛ぶりは右京をしのいだという。

下 写真右端のすぐ右に知恩院の総門がある。川端の柳が生長し、やや見通しが悪くなったが、手前の小橋も健在で、80年前とほとんど変わっていない。その小橋の上を制服姿の女子高校生（華頂女子中学校・高等学校）が渡ってゆく。2010（平成22）年5月撮影。

賀茂川の河床 京都府京都市下京区

上 木屋町は賀茂川の右岸、団栗橋《どんぐり》と松原橋との間に当たる。この河岸では古くから賀茂川原の納涼が盛んに行われた。川床に桟敷を設けて涼風を呼び、酒肴を供する旗亭《きてい》（料理屋）が見渡す限りに続き、まさに偉観である。はるか向こう、川の両側に洋館が建つところが四条大橋である。

下 松原橋から団栗橋越しに四条大橋付近を望む。川床に旗亭が並ぶ風景は今も昔も変わらないが、背景のビル群に80年近い年月の推移を感じないわけにはいかない。また賀茂川は水害防止のために河床が掘り下げられ、戦前と流路が変わっている。2010年(平成22)5月撮影。

島原大門 京都府京都市下京区

上 島原の遊郭はもともと柳馬場《やなぎのばんば》二条に開設された遊郭が1602(慶長7)年、五条室町へ移り、「六条柳町」または「六条三筋《みすじ》町」と呼ばれた。1641（寛永18）年、さらに現在の場所(当時の朱雀野)に移され、島原遊郭となった。大門に向かって右側の柳は出口の柳と称する。郭の周囲に柳を植えるのは柳馬場時代からの風習で、かたわらにある天水箱、竹矢来等、昭和初期にも依然古風な風情を残す。

下 島原は写真の提灯にあるように嶌原とも書き、江戸の新吉原・長崎の丸山等と並び称された遊郭であった。現在は大門と2箇所の茶屋建物が残るのみで、一見変哲のない町並みとなっている。 2010(平成22)年5月撮影。

二条堀川 京都府京都市中京区

上 古京都において賀茂川の水を利用するために掘られた最も主要なものの一つがこの堀川で、昭和初期にはその名残の水がゆるゆると昔を語り顔に流れていた。岸の石垣の老松までが昔ながらの姿をとどめるのも旅人の感懐をひく。水路の右を走る路面電車は旧京都電気鉄道（通称京電）の狭軌線(通称N電)である。

下 堀川は、もともとは自然の河川で、平安京造営に伴い運河化されたとされる。昭和初期には満々と水をたたえた運河も戦後は下水道の整備などで水流はほとんど消失した。現在河床はコンクリートで固められ、すっかり景観が変わり、暗渠化も進んでいる。またN電は1961(昭和36)年に廃止されている。川沿いの路にはウォーキングにいそしむ人々が多く行き交う。2010(平成22年)5月撮影。

平野宮北町 京都府京都市北区

上 京にも田舎あり。1000年余りもの間帝都だった京都にも平野宮北町のような田舎がある。四条通り（P108-109）あたりとの対照も興味深い。広い道を挟んで古い草屋が東西に並び、すべて入母屋《いりもや》である。入母屋造りは京都の民家のうち最も古い形式に属し、450年以前の古い建物もある。中央やや左に写る石ののった大きな樽は漬物用だろうか。

下 現在の平野宮北町。戦災を受けていない京都では中心部の町並みの変化が比較的少ない反面、周縁地域の変貌が著しい。この辺りなどは文字通り「隔世の感あり」で、80年前をしのばせるものは背景の山並みのみ。草屋や入母屋の建物はもはやない。通りは北大路で、早朝から市内バスが頻繁に走っている。2010（平成22）年5月撮影。

奈良街道長池の松 京都府城陽市長池

上 奈良街道は古来その道筋に幾多の変遷があるが、この付近はあまり変化がない。長池の二本松は奈良と京都の中間に植えたものらしく、古くからこの街道の歴史を見守ってきた。写真は昭和初期の長池の南町はずれにある二本松で、町並みもにぎやかな昔の面影をとどめている。

下 現在の奈良街道(国道24号線)長池付近。路面が舗装されたばかりか道路が拡張され、狭いながら歩道が設けられているところが大きな変化で、現代の「クルマ社会」を反映している。しかし一番大きな変化は「二本松」の消失であろう。2006(平成18)年10月撮影。

春日の社前 奈良県奈良市

上 昭和初期の奈良、春日神社入り口の二之鳥居前。車や馬はここから先への乗り入れを禁じられている。神鹿が悠々として群れ遊ぶさまは誠に春日の境内なるかなと思わされる。ずっと奥に御蓋山（三笠山）がほの見える。奈良市の市制施行は1898（明治31）年、1930（昭和5）年の国勢調査による人口は約5万2000人である。

下 1946（昭和21）年以降この神社は春日大社と称している。奈良公園内に位置するため、つねに鹿（神鹿）の姿を見ることができる。昭和初期に比べ境内の樹木が大きく伸長し、背後の御蓋山（三笠山）はまったく見えなくなった。この辺りで販売されている「鹿せんべい」なるものは人間用ではなく鹿用である。奈良市の人口は現在約36万5000人。2006（平成18）年10月撮影。

春日大社の土産物店 奈良県奈良市

上 春日神社から嫩草山《わかくさやま》に至る途中の階段とその両側に並ぶ土産物店。店員は種々な声を出して客を呼び込もうとしている。売店の奥には鹿の角伐り模型等が飾ってあるほか、角細工・木彫りステッキ・せんべい等を陳列して売っている。

下 嫩草山は若草山とも記す。道行く人の服装が洋装に変わっても、そのにぎわいと売店のたたずまいは相変わらずである。2006(平成18)年10月撮影。

畝傍山《うねびやま》から市街を望む 奈良県橿原《かしはら》市

上 大和盆地の南端、畝傍山から眺めた盆地南部の湖のような平原と、そこにぽつんと浮かぶ耳成山《みみなしやま》。耳成山は地元では天神山と称し、畝傍山・天香具山《あめのかぐやま》(天香久山)とともに大和三山と呼ばれる。いずれもいわゆるトロイデ式火山（鐘状火山）である。平野の中央の集落は八木町で、左は今井町。右側、畝傍山麓の集落は新大久保である。大木の間の白線は御陵参道で、神武御陵はこの畝傍山麓にある。

下 八木町と今井町は他の町村と合併して1956(昭和31)年に橿原市となった。橿原市の現在の人口は約12万5000人。この辺りは奈良市のベッドタウンとして市街化が進み、かつての「湖のような平原」の面影はなくなった。「トロイデ」は火山の一形態を示す用語であるが、最近はあまり使用されなくなった。2006(平成18)年10月撮影。

和歌山城址より市街を望む　和歌山県和歌山市

上 和歌山市の中央城址公園から東北を望んだ昭和初期の工場地帯の一部。煤煙が天を焦がす工場の中心地は、ここより南、すなわち右に向けて発展していた。工業都市・和歌山の面目を示す工場地帯は市の北部、紀ノ川沿岸と、城東の新町から南方にかけての藻《も》屑《くず》川《がわ》沿岸に広がっていた。

下 1945（昭和20）年7月のアメリカ軍による空襲で城址天守閣を含む和歌山市街の大半が焼失した。したがって現在の市街地はすっかり新しい建物に置き換わっている。天守閣は1958（昭和33）年に東京工業大学藤岡通夫の指示により再建された。この写真はその天守閣から撮影したもの。工場地帯の象徴だった煙突がこの写真では1本しか確認できない。2006(平成18)年2月撮影。

京橋付近 和歌山県和歌山市

上 京橋は番丁と本町とを連絡する橋で、1930(昭和5年)2月に無鈎式鉄筋コンクリート橋に架け替えられた。この通りは往来の頻繁なことも県下第一といわれる。橋のたもとには、アメリカのタイヤメーカー、グッドイヤー社の看板が見える。路面電車は後の南海和歌山軌道線(和歌山市駅—海南駅)の60型61号電車。1930(昭和5)年の国勢調査による和歌山市の人口は約11万7000人である。

下 京橋は和歌山市内の市堀川に架かる橋である。和歌山軌道線は1971(昭和46)年に廃止された。昭和初期には路面に電車と自転車しか通行していなかったが、今では自動車のみが走る。和歌山市の市制施行は1889(明治22)年。現在の人口は約37万人。2006(平成18)年2月撮影。

御堂筋 大阪府大阪市北区

上 工事中の大阪市営地下鉄と御堂筋。写真は高麗橋四丁目付近で矢来板の鉄板を切込むところ。地下鉄の工事は御堂筋の建設と並行して行われ、工費は約8000万円。計画では最終的に南方町と我孫子町とを連絡し、第1期工事として梅田と難波の両駅を結ぶ予定だった。右の塔は市庁舎である。難波まで開通したのはその2年後の1935（昭和10）年10月30日であった。路線は1435mm、第3軌条方式である。

下 現在の御堂筋。地下鉄の工事は御堂筋の建設と並行して行われた。現在の営業区間は江坂から南方《みなみがた》を経て、我孫子、中百舌鳥《なかもず》までの24.5kmである。3.1kmから始まった大阪市営地下鉄は現在総延長129.9kmにまで伸びた。2006（平成18）年7月撮影。

雑魚場《ざこば》 大阪府大阪市西区

上 大阪各家庭の台所に魚をまかなう雑魚場（雑喉場）の起源は古く、元禄年間（1688-1704）には大阪のすべての生魚問屋がここに移って魚市場を形成した。その歴史と活気でまさに日本一の魚市場であった。ことに水運に恵まれ、年間取引高は1800万円（現在の140億円くらいに相当）に達していたという。写真は京町堀川の西端である。

下 雑魚場は大阪中央卸売市場の開設に伴い、上の写真が撮影された直後の1931（昭和6）年に閉鎖された。京町堀川も1955（昭和30）年に埋め立てられ、かつての面影はまったくない。付近に記念碑が存在する。2006（平成18）年7月撮影。

四ツ橋 大阪府大阪市西区

上 かつての四ツ橋は文字通り4つの橋の組み合わせだった。「涼しさに 四ツ橋を四ツ わたりけり（来山）」とうたわれる夕涼みの名所であった四ツ橋は、昭和初期には近代的な耐震耐火構造となっていた。西横堀・長堀二流の十字に架かり、昔ながらの交通の要地であった。

下 西横堀川と長堀川はともに埋め立てられ、その上を有料道路が走っている。川がなくなれば橋はもはや無用である。西横堀川に架かる2橋（上繋橋、下繋橋）は1964（昭和39）年に、長堀川に架かる2橋（炭屋橋、吉野屋橋）も1970（昭和45）年に撤去された。橋の跡には小西来山と上島鬼貫の句碑が墓碑のごとく建っている。来山の句は上述の「涼しさに 四ツ橋を四ツ わたりけり」である。2010（平成22）年7月撮影。

心斎橋筋 大阪府大阪市中央区

上 戎橋《えびすばし》から北に心斎橋筋を望む。この通りは大阪小売商人の粋を集めたところ。遠くに見えるのは大丸呉服店。心斎橋筋は明治中頃から呉服や婦人服、雑貨を中心とした「ファッションの街」として繁栄した。それを裏書きするように看板には「モスリン（羊毛）」「友禅」「平絹」といった服地の用語が多い。通りを行き交う男性は帽子姿、女性は和服に日本髪で、当時のファッションがうかがえる。

下 1959（昭和34）年にアーケード街となった現在の心斎橋筋。現在でも休日ともなれば写真のようなにぎわいを見せる。「大丸呉服店」は現在の大丸百貨店心斎橋店に当たる。ウィリアム・メレル・ヴォーリズ設計の重厚な建物は今も健在で、日本におけるDOCOMOMO100選に選ばれている。2008（平成20）年7月撮影。

千日前 大阪府大阪市中央区

上 昭和初期の千日前は大衆的な娯楽場であった。心斎橋を渡って大阪の一大中心地、心斎橋筋(P127)を通り、戎橋筋を通り、道頓堀を歩いた見物人たちは、この千日前で楽天地を見る。ここには活動写真があり、魔術があり、あらゆるものがあった。楽天地は経営が行き詰まり、1930(昭和5)年に取り壊され、代わって1932(昭和7)年に大阪歌舞伎座が建った。

下 かつての楽天地前には高架の阪神高速道路が伸び、やや薄暗い印象になった。大阪歌舞伎座は1958(昭和33)年に御堂筋へ移転し、跡地は千日デパートとなったが、1972(昭和47)年5月の「千日デパート火災」以後閉鎖された。現在、楽天地跡はビックカメラ難波店の店舗となっている。2010(平成22)年7月撮影。

通天閣 大阪府大阪市浪速区

上 千日前の新世界は1903（明治36）年に内国勧業博覧会が開催されたところで、場内にはルナパーク・国技館・噴泉浴場・活動写真館・劇場等があり、南大阪の一大娯楽場となっていた。食堂の看板には「寿司、30銭」とあり、当時の物価がわかる。1912（明治36）年に完成した初代通天閣の広告は「ライオン歯磨」であった。高さ約75 m、燦爛と輝く高塔のイルミネーションは夜の大阪の象徴であった。

下 初代通天閣は1943（昭和18）年、直下にあった大橋座の火災による類焼を受け解体され、残骸は軍へ供出されたとされる。現在の通天閣は1956（昭和31）年に竣工した2代目で、初代より25 m高い100 m。設計は東京タワーも手がけた内藤多仲である。客足が著しく遠のいた時期もあったが、現在は年間100万を超える人々が集まり、見事に復活した。現在の広告は「日立プラズマテレビ」。2010（平成22）年7月撮影。

諏訪山から市街を望む 兵庫県神戸市中央区

上 昭和初期、神戸市の名所、諏訪山から俯瞰した神戸市街と神戸港。右端には川崎造船所のガントリークレーンが見え、メリケン波止場や突堤、県庁等の壮大な建築や、大小無数の船舶が確認できる。ここから見えるのは神戸市のビジネス中心街である。神戸市の市制施行は1889（明治22）年4月。1930(昭和5)年の国勢調査による神戸市の人口は約79万人。

下 諏訪山から見た現在の神戸市街。港湾建設の進捗に伴い、海岸部の埋め立てが進行したのがよくわかる。「壮大な建築」は高層ビルに置き換わり、海上の船舶は比較的少なくなった。神戸市は1995（平成7）年1月の阪神淡路大震災により甚大な被害を受け、人口も一時的に減少したが、復興著しく、現在は再び増加へ転じている。現在の人口は約154万人。2006(平成18)年7月撮影。

湊川タワーより市街を望む 兵庫県神戸市兵庫区

上 湊川タワーから俯瞰した神戸市の景観。山麓より海岸に至る神戸市街の特徴が見える。湊川タワーとは1924（大正13）年に完成した「新開地タワー（神戸タワー）」のことで、高さ90m（海抜100m）あったが、1968（昭和43）年に老朽化のために解体された。中央を斜めに横切るのは市電山手線、中央左寄りの丘陵は大倉山公園である。その手前に県立病院、取引所が見え、後方に海洋気象台の白い建物が光っている。

下 第二次世界大戦と阪神淡路大震災を経た現在の神戸市の姿。解体され消失した湊川タワーに代わって、今はどこにでもある高層ビルの屋上から当時に近い角度で撮影したが、低位置からなので見通しは悪くなった。なお、海洋気象台は1999（平成11）年に中央区脇浜海岸通りへ移転している。2006（平成18）年7月撮影。

トーアホテルと錨山《いかりやま》 兵庫県神戸市中央区

上 左の錨の形に植樹された山が錨山(碇山)、右は神戸市の市章が描かれた「市章山《ししょうざん》」である。城のように見えるトーアホテル(トアホテル)は1907(明治40)年に開業したドイツ資本のホテルで、内外の名士の投宿や会合に利用された。1868年の神戸港開港以来、この付近一帯には西洋人が多く居を構え、旧式の洋館が緑樹を囲んで散在し、すこぶる閑静で独特の雰囲気をかもし出していた。

下 第二次世界大戦中、トーアホテルは病院(川崎病院分院)として使用された。戦後、進駐軍により接収され、オリエンタルホテルという名称で営業していたが、1950(昭和25)年に焼失した。現在、跡地には神戸外国倶楽部が建っている。2006(平成18)年7月撮影。

三宮神社前《さんのみや》 兵庫県神戸市中央区

上 大丸前より左に三宮神社、右に三菱銀行の大建築物を望む。朝9時、神戸市三宮神社前の出勤風景。ほとんどの女性が和装である。昭和初期には百貨店の売り子も和装が普通であった。トーアホテル正門を直下するトアロード（トーアロード）はちょうどこの通りへ合流する。

下 夏の三宮神社前。女性はすべて洋装で解放的な格好になった。男性は帽子姿が消えたくらいであまり変化はない。1919（大正8）年設立の三菱銀行は幾多の合併・吸収を経て、2006（平成18）年に三菱東京UFJ銀行と名称を変更した。2006（平成18）年7月撮影。

元町通 兵庫県神戸市中央区

上 神戸の目抜き通りは今も昔もこの元町通である。洋装が板に付いた人、マドロスくわえた青い目のセーラー、ビール樽のようなドイツ人等々……が闊歩していたという。かような日本離れしたところに国際都市としての神戸市の特色が遺憾なく発揮されていた。マドロスとは「マドロスパイプ」のことで、船員がよく使用していたことからこの名がある。

下 神戸の元町は東京銀座や大阪心斎橋と並び称される名門高級商店街である。周辺には大丸や南京町（中国人街）などがあり、観光拠点ともなっており、年中多くの人でにぎわっている。他の多くの都市商店街と同じく、戦後アーケード化された。 2006(平成18)年7月撮影。

相生橋 兵庫県神戸市中央区

上 相生橋は省線(現JR)をまたいで設けられた陸橋。神戸市東部と西部の繁華な地域を結ぶ重要な交通路にあたり、日々混雑した。左のコンクリート建造物は省線高架線の一部で、完成の暁には相生橋を撤去して電車線路を路面に移し、交通渋滞の解消を図った。

下 1931(昭和6)年、高架線の完成に伴い相生橋は撤去された。現在、高架のJR神戸線には軽量化電車が走り、高架下道路の路面電車は消え、歩行者と自動車は完全に分離された。高架線の「コンクリート建造物」は今も健在である。 2006(平成18)年7月撮影。

姫路城天守閣より市街を望む　兵庫県姫路市

上 昭和の大修理開始（1934（昭和9）年）前の姫路（白鷺）城から撮影した姫路市街南部。播磨国風土記に日女道《ひめじ》の名が見えてから千数百年、当時の海浜には人家が建ち並び人口6万の都市を形成した。近衛天皇の御代から姫路の文字が用いられ、室町時代以降は城下町として発達した。第10師団の兵営・練兵場を隔てて繁華な市街地が続く。彼方の播磨灘に家島諸島がかすかに見える。遠く煙突の黒煙が見えるところが飾磨《しかま》町、左の丘陵の下を市川が南流して播磨灘に注ぐ。姫路市の市制施行は1889（明治22）年4月である。

下 姫路城は1951（昭和26）年に国宝に指定、1993（平成5）年にユネスコの世界遺産に登録された。姫路市は1945（昭和20）年7月にアメリカ軍の大空襲に遭い、市街を焼失しているが、城はほとんど無傷のまま残った。現在の姫路市の人口は周辺の町村との合併もあり53万6000人を数える。2006（平成18）年12月撮影。（撮影協力：河口芳里氏）

舞子の浜より淡路島を望む　兵庫県神戸市垂水区

上　昭和初期の舞子の浜。さわやかな松の葉音と静かに白砂をかむ波の音。朝は欧州通いの巨船、夕は帰り行く船の白帆……。太古から歌に歌われ絵に描かれた舞子の浜は、四季を問わず朝夕といわず晴雨といわず見るものを恍惚とさせた。間近に見えるのは淡路島である。

下　現在の舞子の浜と明石海峡、淡路島のたたずまい。東京湾のように大規模な埋め立ては行われていないため、美しい砂浜がある程度維持されているが、明石海峡大橋の登場で景観が大きく変わった。同橋は本四連絡橋の1つで、全長3911m、中央支間1991mの「世界最長の吊り橋」である。対岸は淡路市岩屋。2006(平成18)年7月撮影。

岡山城天守閣より市街を望む　岡山県岡山市

上　昭和初期の岡山城天守閣から北方を望む。外濠をなす眼下の旭川《あさひがわ》には舟遊びをする人々が多い。川を隔てて後楽園の林泉歩道が眺められる。遠く連なる一条の白道は旭川の続きで、鉄道橋まで見渡せる。岡山市の市制施行は1889（明治22）年、1930（昭和5）年の国勢調査による人口は13万9000人である。

下　上記の天守閣は1945（昭和20）年6月の空襲により焼失し、現在の建物は1966（昭和41）年に再建された鉄筋コンクリート製である。岡山は都市化が著しく、80年前には黒っぽい印象だった市の北部が、現在は一面白色のビルで敷き詰められている。現在の人口は市域の拡大もあって70万人を超す。広島に次ぐ中国地方第2の都市である。2010（平成22）年7月撮影。

京橋付近 岡山県岡山市

上 旭川を中心に発達した岡山市は、見方によっては船着場である京橋を中心に発達したともいえる。ここには帆船や小さな蒸汽船が常に往来して港町の雰囲気を見せていた。備中高松や牛窓、日生《ひなせ》等、岡山市周辺地域からの物資や人の輸送はこの舟運が中心であり、すべてがこの京橋の船着場に集まっていた。かたわらの西大寺商店街の繁栄はこの船着場に支えられていた。

下 陸上交通網、特に道路網の発達が舟運を衰退させ、その結果京橋付近の船着場としての使命はすでに終わった。京橋は一部改修されているが、1917(大正6)年3月に竣工したものが現在も使用されている。しかし、橋上の自動車の増加には橋も驚いているのではないか。市内電車も車両が新しくなって健在である。背景の山並みは操山《みさおやま》。2010 (平成22)年7月撮影。

西大寺町商店街 岡山県岡山市

上 西大寺通りは岡山市の旧市街に属す。道路が拡幅されたばかりで、片側は近代式に改築されたが、片側は依然として旧態を残し、不思議な対照を見せている。派手な幟《のぼり》を使うなど関西式に飾り立ててにぎやかである（P127心斎橋筋を参照）。

下 西大寺通り商店街のにぎわいは京橋下の河港に集まる多くの物資や人に支えられてきた。それがなくなった今、西大寺商店街は次第に衰退しつつある。上の写真左角の「藤田改進堂」の跡地に現在「SUNAMI《すなみ》」がある。2010（平成22）年7月撮影（取材協力：津田紙店、加登屋呉服店）。

倉敷市街 岡山県倉敷市

上 倉敷は山陽本線が通り、また中国山地を横断する伯備線の分岐点であるため、山陽山陰交通の中心をなし、貨物の集散場でもある。しかも昭和初期には紡績が盛んで、花卉や畳表の産出も多く、商工業ともに活気を帯びていた。人口3万を超え、1928(昭和3)年に市制を敷くに至った。

下 倉敷市の現在の人口は47万人。周辺部との合併もあり、市制施行時の10倍以上の急激な人口増加を示している。戦後は観光地としてもよく知られ、伝統的建造物を保存した倉敷美観地区、複合観光施設・倉敷アイビースクエア、倉敷の富豪大原孫三郎のコレクションを収める大原美術館(1930(昭和5)年開館)などは特に有名である。2006(平成18)年11月撮影(撮影協力:河口芳里氏)。

備前片上港 岡山県備前市

上 片上港は、断層谷が沈水して生成した地溝状に入りくんだ峡湾にあるため、船の碇泊に適し、岡山県東部の要港となっている。1919（大正8）年には片上鉄道が通じて山陽本線と接続し、物貨のはけ口として重要な役目を果たしていた。丘陵は湾に迫り、小島は湾口をふさいで、景色もすこぶるよい。柵原《やなはら》鉱山と片上港を結んでいた片上鉄道は、同鉱山の閉山に伴い1991（平成3）年7月1日に全線廃止となった。

下 かつての美しい入江は港湾造成のためか埋め立てが進み、残念ながら著しく損なわれてしまった。現在片上は人口約3万8000人の備前市の中心地となっている。備前市の市制施行は1971（昭和46）年4月1日。余談だが、この辺りには日生《ひなせ》・香登《かがと》・伊部《いんべ》・和気《わけ》等、難読地名が多い。2006（平成18）年10月撮影（撮影協力：松浦緑氏）。

鞆《とも》の浦《うら》大観 広島県福山市

上 古来瀬戸内海の要津《ようしん》として知られた鞆の浦は山陽本線の開通後は舟運の衰退により、かつてのにぎわいは失われた。しかし仙酔島を中心とするその景観は依然天下の名勝である。写真手前が鞆町。港内はあまり深くないので、内海航路の汽船は埠頭外に繋船し、乗客は埠頭から甲板上に橋を渡して乗船していたという。背後が仙酔島で、その手前の小島は弁天島である。

下 鞆の浦一帯は1931（昭和6）年に「瀬戸内海国立公園」の一部として指定された。今でも美しい景観がよく保全され、「都市景観100選」や「美しい日本の歴史的風土100選」に選定されている。しかし漁村独特の狭い道で困難な交通事情を緩和するため「鞆の浦埋立て架橋計画」が進められようとしており、景観の変貌は避けられないだろう。2007（平成19）年10月撮影。

尾道市と向島《むかいしま》 広島県尾道市

上 尾道は沼隈半島の西、松永・三原両湾の中間に位置する。南に向島を控え、間に300m余の幅を有する尾道水道がある。この水道を利用した尾道港は瀬戸内海有数の港である。断層崖下に開けた尾道市は、水陸の交通に恵まれて繁盛し、昭和初期にはすでに人口3万4000人余りに達していた。この写真は千光寺からの撮影と思われる。左側へ湾曲する筋は、当時まだ非電化の山陽本線の線路である。

下 向島との間に架かる橋は1968（昭和43）年に開通した尾道大橋、左隅の車両は1957（昭和32）年3月25日開業の尾道市営千光寺山ロープウェイ。「坂の街」として有名な尾道は映画のロケ地としても知られ、小津安二郎監督の『東京物語』（1953（昭和28）年）、大林宣彦監督の尾道三部作は特に印象深い。尾道の市制施行は1898（明治31）年4月、現在の人口は14万5000人。2010（平成22）年7月撮影。

忠海《ただのうみ》港全景 広島県竹原市

上 忠海町と漁港・二窓《ふたまど》の間に横たわる丘の上から港内を望む。忠海付近は瀬戸内海のうちでも最も風光明媚な場所である。町の背後に屹立する観音山からは、大小の島々や真帆片帆の船を浮かべた海の絶景を目にすることができる。町は古風な築港を中心にして東西に細長く伸びている。古めかしい白壁造りの家々は中国有数の港として栄えたこの町の過去を物語る。昭和初期にはここは豊田郡第一の商業地であった。

下 港の出入り口には立派な防波堤が築かれ、埋め立ても行われ、港内の安全性は高められたが、秀麗な眺望が幾分損なわれてしまった。とりわけ左端の突端部に立つ鉄塔は周囲の景観を大きく変貌させた。2006(平成18)年10月撮影。

比治山《ひじやま》旧御便殿《ごべんでん》 広島県広島市

上 広島平野にそびえる小丘・比治山には松が多く、眺望もよかった。丘全体が比治山公園で、その北隅に旧御便殿がある。1894（明治27）年の日清戦争の際、広島城内に大本営を移すとともに西練兵場に併設された明治天皇の行在所（御便殿）を、広島市が1909（明治42）年にこの地に移したものである。広島の市制施行は1889（明治22）年4月1日。1930（昭和5）年の国勢調査による人口は27万人であった。

下 1945（昭和20）年8月6日の原爆投下により旧御便殿の建物は破壊され、現在は「広島市立まんが図書館」が建っている（1997（平成9）年5月開館）。被爆により13万人余りの死者を出した広島市も今はすっかり復興し、人口117万人を超える中国地方第1の大都市に発展した。2010（平成22）年7月撮影。

米屋町《こめやちょう》 山口県山口市

上 山口市の中心街は米屋町、中市《なかいち》、大市《おおいち》である。この付近は銀行や大商店が集中し、昼夜分かたず人通りが絶えず、にぎやかな点では岡山・広島の諸都市と比べても遜色がなかった。1930（昭和5）年の国勢調査による山口市の人口は約3万3000人。市制施行はその直前の1929（昭和4）年4月である。

下 年末のにぎわいを見せるアーケード街となった米屋町商店街。通りの右側の「太陽堂薬局」は今も健在である。山口市の現在の人口は19万8000人。2009（平成21）年12月撮影。

萩全景 山口県萩市

上 海に突き出した半島は指月《しづき》半島、椀形の丘陵は指月山、萩城はこの山の南麓に位置する。萩は高杉晋作をはじめ木戸孝允・品川弥二郎・桂太郎・三浦梧楼・山県有朋ら、幾多の偉人傑物を出したところである。山口県の中心都市としての地位を山口に奪われてしまったが、1925(大正14)年の鉄道開通後はやや活気を取り戻した。当時の人口は約3万人で、まだ市制は敷かれておらず萩町であった。市制施行はこの写真が撮影された直後の1932（昭和7）年7月1日。山陰本線の西線は現在の東萩駅が終点であった（西側の終点は黄波戸駅）。

下 日本海に面した地理的な要因ゆえか、市制80年を経過しても萩市の人口は5万4000人程度で、山陰の一地方都市に過ぎない。が、駅周辺の水田は市街地と化し、高層ビルも少しずつ目立ち始めている。しかし市街は静かで落ち着いた雰囲気に満ち、島根県の津和野町とともに観光都市としての地位はむしろ向上した。山陰本線の全通は1933（昭和8）年だが、いまだに一部非電化のままである。2009（平成21）年12月撮影。

笠戸島《かさどじま》から周防の橋立を望む　山口県下松市

上　下松付近の海岸は長く突出する岬角《こうかく》が湾を抱いて、水面鏡のごとく明媚な風光である。ここは下松海岸の対岸にある笠戸島本浦の港である。右手に見える砂洲は宮の洲で、俗に「周防の橋立」と称する。美しい松林が長く連なり、夏季は海水浴場としてにぎわった。

下　宮の洲は下松市街と笠戸島とを連絡する笠戸大橋（1970（昭和45）年11月竣工）建設に利用された。橋の向こう側の突端が瀬戸岬で、その向こうの山は大島である。1939（昭和14）年11月に市制施行した下松市は、現在5万4000人ほどの人口を擁し、山口県の中堅港湾都市として重要な地位を占めている。2009（平成21）年12月撮影。

鳥取市全景 鳥取県鳥取市

上 旧鳥取城址より展望した昭和初期の鳥取市街。当時3万7000人の人口を擁した市街に樹木が多いことは鎌倉(P66)と似ており、日本の都市の中でもめずらしい景観であった。右手後方に見えている樹木の列は封建時代より存在する松並木、その後ろにそびえるのは気高《けたか》郡の連峰である。これを見ても鳥取県には山地が多いことが察せられる。なお鳥取市の市制施行は明治22(1889)年10月1日である。

下 現在20万人弱の人口を擁する鳥取市は、山陰唯一の特例市である。隣県島根の県庁所在地である松江市が戦災も大規模な大火もなく現在も城下町の景観を保っているのに対し、鳥取市は1943(昭和18)年に鳥取大地震、1952(昭和27)年には鳥取大火があり、戦前の建物はほとんど残っていない。多かった樹木も今ではだいぶ少なくなってしまった。2010(平成22)年7月撮影。

夜《よ》見《み》ヶ浜《はま》と錦海《きんかい》 鳥取県米子市

上 夜見ヶ浜（弓ヶ浜）と島根半島に囲まれた湖、中海《なかうみ》。中海は錦海とも呼ばれ、その南東端に米子市がある。写真は米子城山からの眺望。前景は錦海で、彼方に夜見ヶ浜がある。左端の島は萱島《かやしま》、その右の小丘は元は島であった粟島《あわしま》である。また右寄りに見える白い建物は火力発電所である。

下 米子市前面の中海は大きく埋め立てが進み、萱島もほとんど地続きとなっている。萱島と粟島との間の埋め立て地は彦名干拓地で、現在「米子水鳥公園」として開放されている。手前に白く見えているのは積雪。商業と交通の街、米子の市制施行は1927（昭和2）年4月と意外に新しい。現在の人口は約15万人で県内では鳥取市に次ぐ。2007（平成19）年4月撮影。

湖山池《こやまいけ》 鳥取県鳥取市

上 湖山池は鳥取平野を流れる千代川《せんだいがわ》の沖積平野の西に位置する潟湖。日本海から湾入した部分が、千代川の堆積物と砂丘によって閉ざされた。かつてここは広大な水田であったが、湖山長者の行いにより一夜にして池に変わってしまったという「湖山長者」の伝説がある。池に浮かぶ青島と猫島が単調な風景に変化を与え、舟遊の目的地となっている。

下 湖山池は周囲18 kmの汽水湖で、「池」と称する湖沼のなかでは日本最大である。現在日本の他の湖沼同様、水質汚濁が問題視され、自治体が中心になって環境改善に努めている。湖面に広がる緑色の藻は藍藻類と思われる。湖岸の一部が埋め立てられ、風景は幾分損なわれてしまった。周辺は湖山池公園として整備され、市民の憩いの場となっている。2010(平成22)年7月撮影。

松江城 島根県松江市

上 松江城は慶長16年（1611）、松江に封ぜられた堀尾忠氏が築城した名城で、別名・千鳥城。寛永15年（1638）松本藩より松平直政が入封、そのまま明治維新を迎えた。高さ30m、5層の天守閣は築城当時の様子をとどめている。城苑は公園となり、春の桜、夏の蓮池、秋の紅葉、冬の薄雪と趣は尽きない。

下 戦災を受けなかった松江市は今なお城下町としての形態を色濃く残す。その象徴が松江城であり、天守は国の重要文化財に指定されている。天守閣をはじめとする城郭内の建物はもちろん歴史的価値の高いものだが、私見では城内の奥深い森と森閑とした内堀にこそ他の名城址にはない魅力を感じる。2007（平成19）年4月撮影。

安来港《やすぎ》と十神山《とかみやま》 島根県安来市

上 中央の松がなんともご愛嬌であるが、中海干拓工事以前の美しい風景を伝える貴重な写真である。安来港は伯太川《はくた》河口の中海東部に臨む要津《ようしん》で、鉄（砂鉄）の移出で名高かった。右の三角形の山は高さ93 mの十神山で、全山を覆う松の影が水に映えて美しい。写真右側に集積した木材は中国山地からのもので、この付近には製材所が多かった。左が山陰線安来駅、町の中心は駅から西北に延び、安来銀行（現、山陰合同銀行安来支店）をはじめ商家が軒を並べていた。左の丘の上には安来製鋼所（現、日立金属安来工場）がある。

下 安来町が市になったのは戦後の1954（昭和29）年で、現在の人口は4万2000人。宍道湖・中海淡水化、および中海干拓事業は紆余曲折の末に結局中止されたが、境水道との連絡が中浦水門（1974（昭和49）年竣工、2009（平成21）年撤去）で閉ざされたため、定期船などの舟運がほとんどなくなり、安来港の存在意義は失われ、港町としての存在感は薄くなった。安来の名は「どじょうすくい」で有名な安来節のおかげで全国的に知られているが、島根県の都市であることを含めて市自体に関する認識は地名ほどではない。2007（平成19）年4月撮影。

松江大橋からの東望 島根県松江市

上 1914（大正3）年に竣工した木造の新大橋越しに眺める嵩山《だけさん》と松江市街。宍道湖と中海を結ぶ大橋川に架かる松江大橋から東を眺めれば、遠くに出雲富士といわれる大山《だいせん》の雄峰が望まれ、左には島根半島の一角・嵩山が迫る。新大橋後方の両岸は舟河岸で往来頻繁であった。この橋上に立てば、松江市街を構成する二大区、「活発な橋南」と「さびた城下町風の橋北」との相異がはっきりする。松江市の市制施行は1889（明治22）年4月。1930（昭和5）年の国勢調査による人口はおよそ4万5000人。

下 松江大橋は1937（昭和12）年に立派な橋に架け替わり、河岸にはビルが建ち並ぶが、全体としての印象はあまり変わっていない。大橋川を境に北部を橋北、南部を橋南と呼称するのも日常的である。秋には写真のような晴天が続き、実に美しい。2007（平成19）年に開府400年、2009（平成21）年に市制120年を迎えた松江市は、平成の大合併による市域拡大で、人口19万人を超す山陰屈指の都市に変貌した。2007（平成19）年11月撮影。

出雲大社 島根県出雲市大社町

上 手前が拝殿、後方が本殿である。神代に大国主命《おおくにぬしのみこと》の出雲文化が華と咲き、次いで国土を奉還した後に杵築《きづき》宮(後の出雲大社)に籠もったと伝えられる。1744(延享元)年に建造された本殿は高さ約24m、大社造りと呼ばれる日本最古の建築様式で神社の典型である。60年毎に式年遷宮が行われており、この建物は1881(明治14)年に修造された。5月14日の大祭礼には数万人の参客を集める。

下 現在の本殿は1953(昭和28)年に修造された。2013(平成25)年には「平成の大遷宮」が予定され、すでに作業が進行中である。戦前の拝殿は1953(昭和28)年失火により焼失し、1959(昭和34)年に再建された。大社町は出雲大社の門前町としてにぎわい、かつては旧制中学(現、大社高等学校)も存在した。2007(平成19)年4月撮影。

眉山《びざん》から市街を望む 徳島県徳島市

上 徳島市西部に屹立する眉山より東に市街を俯瞰した光景。中央の美しい緑の丘は城山である。交通や物資の運搬はおもに河と運河に頼り、人の往来は市街とほぼ平行する鉄道によるためか、市街電車は存在しない。1930(昭和5)年の国勢調査による徳島市の人口はおよそ9万人。当時四国第1の都市であった徳島市は、蜂須賀26万石の城下町として吉野川のデルタの上に発達した。

下 市街には高層ビルが立ち並び、城山も一望できない。上の写真から76年余り経ったが、相変わらず四国4県のうち徳島のみが市街電車を持たない(高松市は琴電のみ)。2007(平成19)年に公開された映画『眉山』(犬童一心監督)はこの山の名声を一躍高めた。徳島の市制施行は1889(明治22)年10月1日。現在の人口は26万4000人。四国の県庁所在地では最も人口が少ない。2006(平成18)年7月撮影。

新町川河岸 徳島県徳島市

上 徳島市の中洲港から仁心《じんしん》橋に至る新町川の河岸は、生魚市場・阿波藍同業組合、および藍倉その他の諸倉庫の立ち並ぶところであった。この写真は北岸、寺島町藍場の浜である。阿波藍といえば古来全国にその名を知られたものであった。

下 かつては人が泳げるほど清浄だったというこの新町川も、戦後水質が悪化し、水浴などすっかり夢物語となってしまった。護岸工事が行われ、河岸の景観は変哲のないものとなった。かつての藍倉も今は見られない。2006（平成18）年7月撮影。

高松港商船桟橋 香川県高松市

上 昭和初期の高松港は瀬戸内海航路の要地を占め、四国の表玄関となっていた。大阪・別府・小豆島・讃岐沿岸を通う汽船はいずれも高松に寄航した。写真は港内にある商船の桟橋で、鉄道桟橋とともに昭和初期に建設された。大部分の汽船はこの桟橋に発着していた。高松の市制施行は1890(明治23)年2月。1930(昭和5)年の国勢調査による高松市の人口はおよそ8万人。

下 80年近く本四連絡に活躍した宇高連絡船は、瀬戸大橋完成に伴い1988(昭和63)年に廃止され(高速艇の廃止は1991(平成3)年)、港はその使命を終えた。現在の港はウォーターフロント再開発計画にしたがって整備されたものである。写真のフェリーは高松港と小豆島の土庄《とのしょう》港を結ぶ、小豆島急行フェリーの第二しょうどしま丸。高松市の現在の人口は約42万人である。2006(平成18)年7月撮影。

壇ノ浦と五剣山《ごけんざん》 香川県高松市

上 讃岐の海岸は半円を描いて瀬戸内海に突出し、沖積地に特有の平坦な砂浜が続くが、小半島もいくつか存在する。写真は屋島から見た壇ノ浦と五剣山の眺め。五剣山は山容が手に取れるように壇ノ浦にその影を浸している。湾内には帆船が浮かぶ。湾奥に見える囲いは塩田と思われる。遠くの水面は志度湾である。

下 源平合戦のうち1185年の「屋島の戦い」の舞台がここ壇ノ浦であった。五剣山は標高375mの小さな山で、5つの峰があることからこの名が付いた。山肌が露出しているのは花崗岩採石によるものと思われる。旧塩田部を中心に海岸の埋め立てが進んだ。2006(平成18)年7月撮影。

坂出塩田《さかいでえんでん》 香川県坂出市

上 かつて瀬戸内海沿岸では降水量の少ない気候を利用して、製塩が盛んに行われていた。坂出に入浜式塩田の築造が始まったのは1600（慶長5）年と伝えられるが、隆盛の基礎を築いたのは文政年間（1818-1830）の久米栄左衛門《くめえいざえもん》（1780-1841）の功績である。彼は平賀源内とともに讃岐の生んだ二大数学者と称される。坂出は江戸末期まで戸数300内外の一寒村であったが、塩田開拓以来、次第に繁栄した。

下 かつての広大な塩田は、戦後の塩業整理により順次縮小廃止された。跡地はおもに埋め立て地となって、工業用地や道路、住宅地等に生まれ変わった。手前の有料道路は瀬戸大橋（P9）から続く瀬戸中央自動車道。坂出の市制施行は1942（昭和17）年7月1日。現在の人口は約5万5000人である。2006（平成18）年7月撮影。

高知城天守閣より市街を望む 高知県高知市

上 高知市中心部、高知城天守閣から見た高知市街。前景左側の森は城山の樹木、その右に見える近代的な道路は追手筋、路傍の鳥居は藤並・春日両社の鳥居である。右後方は筆《ひつ》山《ざん》、その麓を鏡川が東流し、右から左へ順に天神橋・潮江橋・ザコバ橋・九反田橋が架かる。その先の山は五台山《ごだいさん》で、その右手に白く延びるのは吸江《ぎゅうこう》の波である。五台山の背後に見える山地は鷲尾山脈。土佐藩の城下町から発展した高知の市制施行は1889(明治22)年4月1日、1930(昭和5)年の国勢調査による人口はおよそ9万7000人。

下 現在の高知市街は高層ビルが林立して街全体が白っぽく見える。高知市は1945（昭和20）年7月のアメリカ軍による空襲と、翌年12月の南海地震の被害を受けたため、戦前から続く建物は高知城くらいしか見当たらない。幕末の志士・坂本龍馬はこの地の出身で、高知空港の愛称「高知龍馬空港」に彼の名が冠されるなど、高知県の観光客誘致に一役買っている。高知市の現在の人口は、合併による市域の拡大もあって34万人に達している。2006（平成18）年7月撮影。

播磨屋町交差点 高知県高知市

上 二重屋根（ダブルルーフ）の古色蒼然たる路面電車（型式不明）が走る昭和初期の播磨屋町の交差点。播磨屋町は高知市の玄関通路に当たり、市街唯一の電車交差点である。「よさこい節」に唄われた純信お馬の恋物語で有名な播磨屋橋は、ここからほど近いところにある。当時はまだ堀川が流れており、播磨屋橋は健在だった。堀川埋め立てにより事実上この橋が消失したのは1960（昭和35）年のことである。

下 現在の路面電車は1903（明治36）年7月設立の土佐電気鉄道が運営している。はりまや橋駅は桟橋線（高知駅前—桟橋通五丁目）・伊野線（はりまや橋—伊野）・後免線（はりまや橋—後免町）が連絡する要所として現在も大変にぎわう。手前の車両は1958（昭和33）年製の600型603、こちらに向かうのは桟橋線の2000型2001で2000（平成12）年製造。いずれも冷房装置付き。2006（平成18）年7月撮影。

馬路《うまじ》森林鉄道　高知県安芸郡馬路村

上　1916（大正5）年頃の馬路森林鉄道。現在の馬路橋下の五《ご》味《み》隧道付近である。高知県は土佐犬の本場だけに、材木運搬車を引くのに犬を用いていたところが面白い。たいてい1台に犬2頭をつけて引かせていた。急な坂をものともせず、足を踏んばり、全身を緊張させて登ってゆく。犬の使用は1919（大正8）年頃まで続き、以後蒸気機関車へ移行した。

下　馬路森林鉄道は1963（昭和38）年1月に廃止され、軌道跡は上流部がダム用地として、残りが道路用地等に転用された。五味隧道付近の軌道も道路建設時に埋められた。ただし、隧道の向こう側の出入り口と軌道の一部が地元有志（「馬路森林鉄道を走らす会」）によって保存されている。2008（平成20）年9月撮影。参考：寺田正「林鉄　寺田正写真集」寺田正写真集刊行会（1991）。

愛媛県庁前 愛媛県松山市

上 古くから城下町として発達した松山市の市制施行は1889（明治22）年。愛媛県の県庁所在地として行政と交通の中心地である。一番町には諸官庁が多い。ドーム状の屋根を持つ県庁舎は木子《きご》七郎の設計で1929（昭和4）年に完成した。向こう隣の4階建ては県議会議事堂。商品陳列所も立ち並ぶ。路上には路面電車の線路が見える。

下 松山市は現在四国最大の人口51万5000人を擁する中核都市である。路面電車は1911（明治44）年開業の松山電気軌道が最初で、1921（大正10）年に伊予鉄道に吸収合併され、現在に至っている。写真の車両は1965（昭和40）年製のモハ50型77。県庁所在地でありながら、この付近のたたずまいは戦前と比べても不思議と変化が少ない。2006（平成18）年7月撮影。

道後公園から市街を望む 愛媛県松山市

上 松山市中心部より東北へ2 km、電車に乗ればわずか10分で道後に到着する。道後公園から見下ろせば眼前に松山市街が広がる。勝山(城山)は臥牛のごとく横たわり、松山城天守閣も認めることができる。昭和初期のこの景観は、1906(明治39)年発表の夏目漱石の小説『坊ちゃん』に描かれた松山と大差ないのではないか。

下 道後公園より市街を俯瞰すると、この80年近くの歳月で松山が大きく変貌し、都市化が進んだことは一目瞭然である。特に水田はまったく見られなくなった。2006(平成18)年7月撮影。

大街道《おおかいどう》 愛媛県松山市

上 松山市随一の商店街を通称・大街道という。東京における銀座(P52)、大阪における千日前(P128)のように夜遅くまで電燈が輝いて人の往来が絶えない。呉服・小間物・履物・雑貨・玩具・飲食物等に至るまで、ここで整えられぬものはない。

下 大街道商店街は1945(昭和20)年7月、アメリカ軍の空襲でいったん焼失した。その後1968(昭和43)年に片側アーケードを設置、1982(昭和57)年に全長483mが完全にアーケード化された。写真は一番町通りから見た大街道入口。2006(平成18)年7月撮影。

海の中道 干潮時の道切《みちきれ》 福岡県福岡市東区

上 海の中道とは、福岡市東区と金印で有名な志賀島《しかのしま》を結ぶ全長約8 kmの陸繋砂州。先端部の志賀島との間およそ1kmはとくに幅が狭く、満潮時には一部が海中に没するため道切と呼ばれる。干潮時には徒歩で横断することができ、水中に電柱さえ立っていた。写真は志賀島側から九州本土側を見たもので、正面は新宮《しんぐう》の小丘、右は博多湾である。

下 道切はかつて干満の変化によって陸地となったり水没したりしていたが、今では立派な道路橋（志賀島橋）が完成して常時往来が可能となっている。海の中道は2004（平成16）年に「美しい日本の歩きたくなるみち500選」に選ばれた。志賀島橋は現在一部架け替え工事が行われている。2010（平成22）年6月撮影。

上 昭和初期の福岡市東中洲。1889(明治22)年4月に市制を敷いた福岡市は、1930(昭和5)年当時人口22万8000人を擁する日本第7位の大都市であった。当時の市の予算は500万円で、名実ともに九州一の繁栄を見せていた。市内電車は、駅前から市の外郭を一周するもの、姪浜《めいのはま》に至る博軌《はっき》電車、東は工科大学前、西は西公園・今川橋に至る福博《ふくはく》電車があった。

下 現在福岡市の人口は146万人、市の予算規模はおよそ1兆8000億円に達している。この数値からも福岡市の急激な都市化と人口集中化がうかがえる。市内電車の博軌（博多電気軌道）と福博（福博電気軌道）は1934（昭和9）年10月に合併し、福博電車に統一された後、1942(昭和17)年には西日本鉄道福岡市内線となり、1979(昭和54)年2月に全廃されるまでその名が続いた。2010(平成22)年9月撮影。

西公園からの眺め　福岡県福岡市中央区

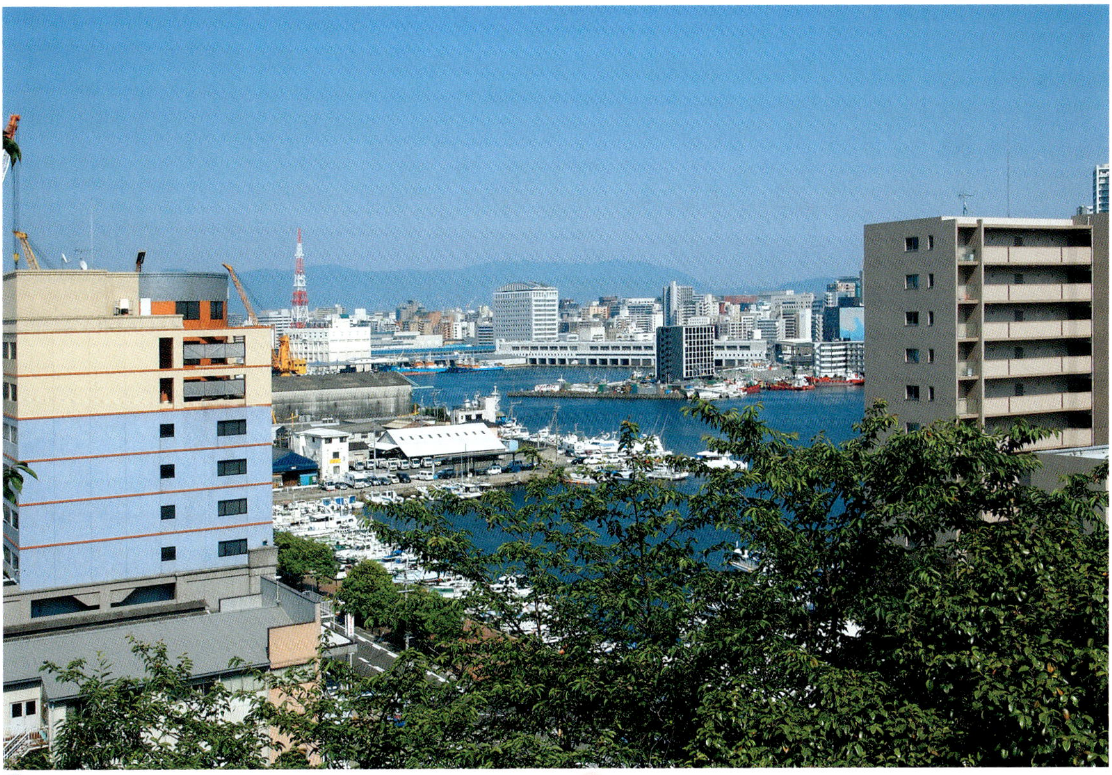

上　西公園から見下ろした博多湾と福岡市街。昭和初期の美しい博多湾を記録した貴重な写真である。福岡市は北に博多湾、南に筑紫《ちくし》山系の脊振《せぶり》山地、東は三郡《さんぐん》山地に囲まれた福岡平野に位置している。遠くに見える山々は三郡山地である。

下　現在の西公園から東部を俯瞰する。かつての入江は大規模な港湾になり、埋め立てが進んだ土地には高層ビルが建つ。付近には福岡都市高速道路1号線が走っている。すさまじい変貌ぶりである。2010（平成22）年6月撮影。

姪浜《めいのはま》より能古島《のこのしま》を望む　福岡県福岡市西区

上　福岡市中心部より海岸に沿って西へ行ったところに姪浜がある。このあたりは生《いき》の松原《まつばら》と称し、正面に能古島を望む絵に描いたような風景であった。能古島は古くは残島とも記された。神功皇后が三韓《さんかん》（現在の韓国南部）征伐より帰国した時に、この島に住吉大神《すみよしのおおかみ》の霊を残しとどめて異国(三韓を指す)の降伏を祈ったという。

下　姪浜町が福岡市に編入されたのは1933（昭和8）年のことである。現在は姪浜駅から市内中心部へ福岡市営地下鉄が連絡し、姪浜は完全に福岡市の一部となった。姪浜付近は近年大規模に埋め立てられた。写真の広大な駐車場は九州最大のアウトレットモール「マリノアシティ福岡」のもの。2010(平成22)年6月撮影。

八幡製鐵所 福岡県北九州市八幡区

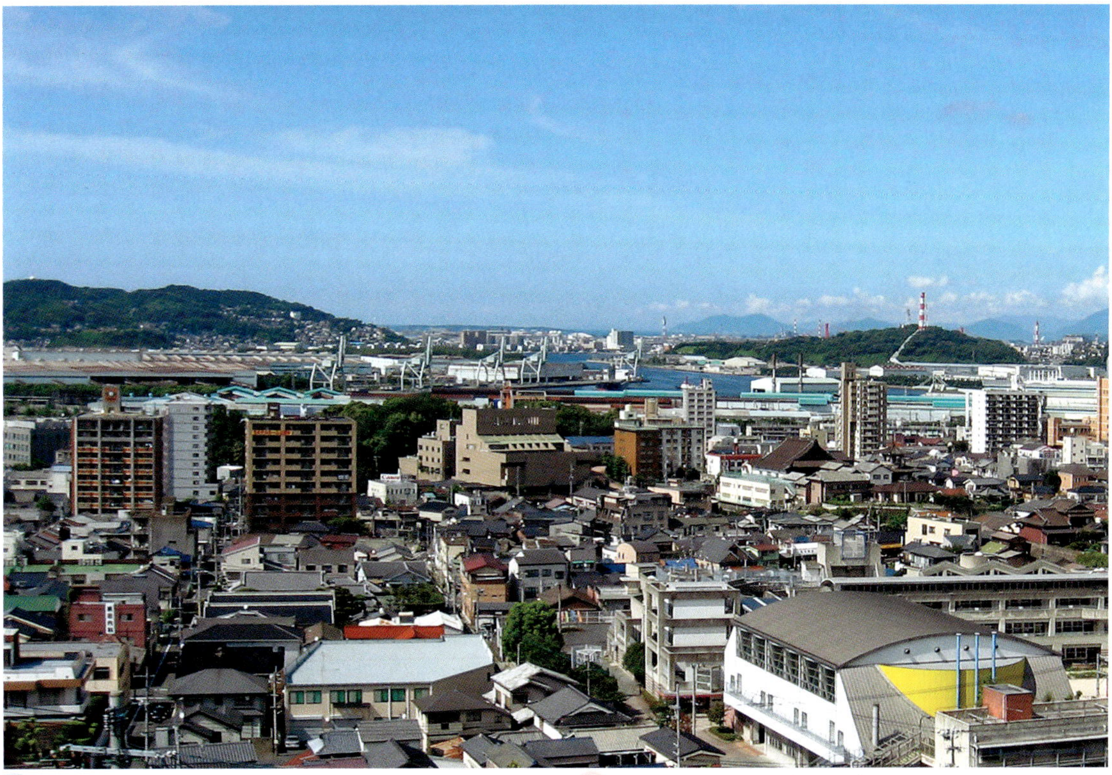

上 昭和初期の東田高炉群。右手が溶鉱炉（高炉）で、左手が圧延工場である。手前は市街で、煙のために市内全体がかすんでいた。八幡製鐵所は溶鉱炉、電気炉等多数を備え、日本第一の大工場と称された。製鉄の原料である鉄とマンガン鉱石は中国の大冶《だいや》、朝鮮の載寧《チェリョン》、殷栗《ウンリュル》（いずれも現、朝鮮民主主義人民共和国領）のものが主であった。石炭は筑豊の二瀬炭坑より供給されていた。

下 東田高炉群は1978（昭和53）年に閉鎖され、跡地にはテーマパーク「スペースワールド」や「いのちのたび博物館」、その他商業施設ができ、東田第一高炉のみ記念碑として残された。かつて北九州市民は工場の煙を「七色の煙」として誇らしく見つめていた。空が澄む街になったのは市民の意識の変化も示しているようである。2006（平成18）年8月撮影（撮影とキャプション：田畑休八）。

筑豊炭鉱大之浦坑のボタ山 福岡県宮若市

上 1928(昭和2)年当時、筑豊炭田の出炭量は全国の43%を占めていた。貝島炭坑のひとつ、大之浦炭坑は、鞍手《くらて》郡宮田村および周辺4村にわたって分布し、筑豊炭田のうち最も出炭量が多いことで知られていた。ここは貝島合名会社の経営で、採掘や職工のための施設もよく整っていたとされる。写真は同坑のいわゆる「ボタ山」で、その盛んな様が想像される。

下 石炭採掘に伴って生じる捨て石を「ボタ」と呼び、この捨て場が山をなすことから「ボタ山」の名が付いた。筑豊のような大規模な炭坑周辺ではかつては普通に見ることができた。鞍手郡宮田村は現在の宮若市宮田にあたり、付近は新興住宅地になりつつある。ボタ山はほとんど見られず、残っているものも草木に覆われ大きく変貌していた。2007（平成19)年1月撮影(撮影とキャプション:田畑休八)。

三池炭田四ツ山坑 福岡県大牟田市

上 三池炭田は福岡県三池郡から熊本県玉名郡にかけて南北約20km、東西約6kmにわたって有明海東側の丘陵地を占めていた。炭層は第三紀層に属す。大浦・七浦・宮ノ浦・勝立・宮ノ原・万田・四ツ山の七坑があり、本邦最大の炭坑であった。写真は四ツ山坑の竪坑である。

下 四ツ山坑の竪坑は1996（平成8）年に取り壊された。現在はただの荒れ地となっており、その外周にあった石垣の壁がやや左の山腹に残るだけである。手前の海は閉山前にすでに埋め立てられていて、炭坑ありし頃は人家や商店などが軒を並べていたという。2007（平成19）年1月撮影（撮影とキャプション：田畑休八）。

筑豊炭鉱住友忠隈《ただくま》炭坑全景　福岡県飯塚市穂波町

上　筑豊では室町時代中期には地元住民が燃える石を発見し、燃料として利用していたとされる。18世紀半ば（宝暦年間）、堀川の開鑿に際し、石炭が発見された。その後、江戸時代中期（1700年代）から製塩の燃料に石炭を用いるようになったため、当時の小倉藩と福岡藩が石炭を藩の管理下に置き、炭鉱開発を進めた。明治以降、産業革命期に入って本格的に開発が進んだ。筑豊炭田は日鉄・三菱・三井・貝島・明治鉱業をはじめ数多くの業者が経営していた。忠隈炭坑は住

友石炭鉱業の経営で年産38万トンを超えていた。この地方は筑豊炭田の中心で、空は暗く、はるかに見える筑紫連峰も煤煙に隠されがちであった。

下 忠隈炭坑は1965(昭和40)年3月に閉山し、付近は住宅地等に置き換わった。忠隈炭坑の跡地は大きな駐車場になっている。背後の山並みだけは今でも変わらない。2007(平成19)年1月撮影(撮影とキャプション:田畑休八)。

三重津《みえつ》海軍所跡　佐賀県佐賀市川副町

上 佐賀商船学校の教練の様子と思われる。早津江《はやつえ》川河畔にはかつて佐賀藩三重津海軍所があった。閑叟《かんそう》公（佐賀藩主・鍋島直正）は国防上海軍の必要性を主張し、1858（安政5）年に海軍所を設けた。海軍所廃止後、1902（明治35）年に佐賀郡立海員養成学校が設立され、1910（明治43）年に佐賀商船学校となった。商船学校内には海軍所当時の汽船製造所の跡がある。

下 佐賀商船学校は1933（昭和8）年に閉校し、鹿児島商船学校に統合された。現在同地は、三重津海軍所で活躍した佐野《さの》常民《つねたみ》を記念した「佐野記念公園」となっている。公園内には「佐野常民記念館」も設置され、佐野に関する記録や三重津海軍所関係資料の展示を行っている。2009（平成21）年3月撮影。

武雄温泉 佐賀県武雄市武雄町

上 武雄温泉は蓬莱山の麓にあり、南には御船山がそびえている。神功皇后が太刀の柄で岩を突いたとき、たちまち湯気を吹いて湧き出したのがこの温泉と伝えられる。1914(大正3)年に宏壮な武雄温泉新館が建設され、同年に上棟された天平の昔をしのぶ丹塗《にぬり》の大楼門を中心に、付近の景色は絵のようである。泉質は無色透明の単純温泉である。

下 立派な楼門と新館は佐賀出身の辰野金吾(東京駅丸の内本屋の設計者P51)による設計で、国の重要文化財に指定されている。武雄温泉は佐賀県でも有数の温泉地であるとともに、JR武雄温泉駅から近いため、観光名所として訪れる人も多い。かつて噴水があった場所は駐車場と化して、自家用車で埋まっている。2009(平成21)年3月撮影。

眼鏡橋 長崎県長崎市栄町

上 眼鏡橋は1634(寛永11)年に明国(中国)人で興福寺の住職だった黙子《もくす》如定《にょじょう》が中島川に架設した。日本初の石造りアーチ橋といわれる。1648(慶安元)年の洪水で損壊するが、平戸好夢が修復した。以後数十回の洪水にもこの橋だけは一度も壊れず、「橋下に霊亀がいる」といわれた。右の山は風《かざ》頭山《がしらやま》で、墓地が多く、頂上では4〜5月にかけて凧揚げ(ハタ揚げ)が行われる。

下 眼鏡橋は1960(昭和35)年に国の重要文化財に指定された。1982(昭和57)年の長崎大水害で半壊し、翌年再建された。都市化が進んだ長崎市内は、もはや霊亀が生息不可能な環境になったのだろうか。ハタ揚げは、今も長崎くんち(10月)、精霊流し(8月)と並ぶ長崎の三大行事。風頭山のほか、唐八景《とうはっけい》や稲佐山、金比羅山などで盛んに行われる。2009(平成21)年4月撮影。

丸山遊郭 長崎県長崎市丸山町

上「長崎に丸山という処なくば、上方銀無事に帰宅すべし、爰《ここ》通いの商い、海上の気遣いの外、いつ時を知らぬ恋風恐ろし」と井原西鶴は『日本永代蔵』に記した。江戸吉原（P59）と並び称された丸山遊郭は、1639（寛永16）年頃、鎖国時に西洋との唯一の窓口であった長崎に誕生し、異国情緒こまやかである。料亭花月には楊貴妃の鶴の枕等があり、幾多のロマンスを蔵している。

下 丸山遊郭（花街）は売春防止法適用の1958（昭和33）年、300年余の歴史に終止符を打った。料亭花月は健在で、市内でも1、2を争う高級料亭である。かつての遊郭の面影はほとんどなくなったが、毎年11月に「丸山華まつり」があり、女神輿が登場する。2009（平成21）年5月撮影。

長崎の目抜き通り・浜町《はまのまち》 長崎県長崎市浜町

上 昭和初期の浜町商店街。長崎で重要な通りは、馬町から勝山町、本興善寺町、大村町を経て県庁に至るものであるが、今も昔もこの浜町が最もにぎわうところである。各種の商店が並ぶが道幅は広くはない。亀甲細工や長崎カステラなどの特産品の中で優秀なものの多くはここで売られている。

下 現在の浜町商店街はアーケードに覆われ、すっかり印象が変わった。上の写真の「藤瀬呉服店」の場所に現在は三菱UFJ銀行が建っている。大丸や長崎浜屋といった百貨店が存在し、今でも市内随一の繁華街であるが、近年は長崎駅前の「アミュプラザ長崎」や大波止の「夢彩都《ゆめさいと》」、浦上駅近くの「ココウォーク」などの大型商業施設ができ、集客力は低下しつつあるという。2009(平成21)年5月撮影。

長崎駅前から福済寺を望む 長崎県長崎市筑後町

上 原爆投下前の昭和初期に長崎駅前の広場から五社山（西坂町）下一帯を撮影したもの。三棟の寺院はすべて福済寺《ふくさいじ》のもので、右端が「福済寺の布袋さん」と呼ばれる大きな弥勒像を蔵する弥勒殿、その左が大雄宝殿・青蓮堂・大観門等である。右端の山腹に長崎名物の墓地がある。左の洋館は天主教会堂の一つ。

下 すっかり変わった駅前風景。福済寺は1945（昭和20）年8月9日、アメリカ軍の原爆投下によって破壊された。仮に今健在であったとしても、もはや駅前からその姿を目にすることはできないであろう。長崎市の市制施行は1889（明治22）年4月、2010（平成22）年現在の人口は44万2000人に達する。2009（平成21）年12月撮影。

長崎港大観 長崎県長崎市

上 坂の町・長崎市の中心地より見下ろした市区と港内の大観。500年このかた外来文化の受け皿となったこの港は、以来屈指の重要港として栄えている。右下の海岸近くに英国領事館、中央のギリシャ神殿のような建物は長崎税関、その右側の橋の手前は外人クラブ、左の尖塔は大浦天主堂である。対岸は右から三菱本社と飽《あく》の浦《うら》工場、その左に龍田丸《たつたまる》、中央が進水直後の浅間丸《あさままる》。左端の大工場が立神《たてがみ》工場である。昭和初期の長崎市の人口は20万5000人を数え、福岡市（22万8000人）に迫る勢いであった。なお、ここは要塞地帯のため、写真には修整が施され、山の稜線が消されている。

下 この辺りは原爆の爆心地から離れていたためか比較的被害が小さく、戦前の面影が残っている。左には1952（昭和27）年に修復された大浦天主堂が見える。長崎税関は1969（昭和44）年に現庁舎へ建て替えられた。旧長崎英国領事館には1993（平成5）年から野口彌太郎記念美術館が入っていたが、建物の老朽化のため現在は保存修理中である。龍田丸は戦時中海軍に徴用され、1943（昭和18）年、アメリカ軍潜水艦の雷撃を受け、御蔵島《みくらじま》近海で沈没した。浅間丸も海軍に徴用され、1944（昭和19）年バシー海峡で沈没した。2009（平成21）年12月撮影。

出島の中通り 長崎県長崎市出島町

上 出島は1634（寛永11）年に江戸幕府により造られた人工島である。かつて出島には縦横に各々一条の通路があった。これはその中通り。道路右側の窓のある家は長崎内外クラブで、かつての和蘭（オランダ）商館の跡である。昭和初期、この付近には倉庫が多く建ち並んでいた。

下 現在、出島の周辺はすっかり埋め立てられ、かつての島の面影はない。1996（平成8）年から始まった市の復元事業で多くの建物が江戸時代当時の姿に復元された。写真のように、観光客を対象に地元ボランティアによる出島史蹟内ツアーなどが行われている。2009（平成21）年12月撮影。

千々石《ちぢわ》湾の奥 長崎県雲仙市千々石町

上 島原半島と野母崎の半島（長崎半島）に囲まれた千々石湾の奥に千々石町がある。ここは島原半島の頸部にあたり、雲仙岳に近く、海は海水浴に適している。写真左端に走るのは温泉《うんぜん》鉄道（1938（昭和13）年廃止）。海岸の松原は根上がり松として有名で、1919（大正8）年制定の史蹟名勝天然記念物保存法（現行の文化財保護法の前身）による史蹟名勝天然記念物に指定されていた。

下 千々石湾（橘湾）は火山の噴火口によって形成され、「千々石カルデラ」と称する。カルデラの縁にあたる「千々石断層」上からは雲仙市千々石町が見渡せる。背後の山は雲仙普賢《ふげん》岳。1990（平成2）年から1995（平成7）年にかけて大噴火し、「平成新山」が形成されたため山容が変化している。2008（平成20）年9月撮影。

花岡山より市街を望む 熊本県熊本市

上 花岡山頂上から熊本市の南部を望む。熊本市は決して平坦ではなく、東北に立田山、西には花岡山・後山・中尾山等の丘陵が連なり、東と南方向のみが平野に続いている。限られた方向のみが平地に連なり、城郭を建設するには良好な地形である。1607（慶長12）年加藤清正が開府した熊本の市制施行は1889（明治22）年4月。1930（昭和5）年の国勢調査時の人口は16万4000人に達していた。

下 人口70万人を超す九州第3の大都市となった熊本には、2011（平成23）年3月に九州新幹線が開通する予定で、写真下に見えている高架がそれである。1945（昭和20）年7月にアメリカ軍による空襲を受け、焼け野原となった市街地も、今では高層ビルが建ち並ぶ近代都市へ脱皮している。政令指定都市となる日も近い。2010（平成22）年10月撮影。

唐人町 熊本県熊本市唐人町

上 熊本市は1877（明治10）年の西南戦争の主戦場となり、熊本城天守閣をはじめ、市街のほぼすべてが焼き払われた。だがかえってそのために面目を一新し、大市街地を形成するまでの時間は早かった。写真は昭和初期の熊本市街、二大街路のひとつ唐人町である。

下 かつての二大街路も今は静かな一街路に過ぎない。道路左側の古い建物は、1919（大正8）年に九州初の鉄筋コンクリート製建築として竣工した西村好時設計の旧第一銀行熊本支店（現、ピーエス熊本センター）で、国の登録有形文化財に指定されている。2009（平成21）年8月撮影。

熊本城宇《う》土《と》櫓《やぐら》 熊本県熊本市

上 かつて大阪城・名古屋城と共に日本三名城に数えられた熊本城は、1607(慶長12)年に築城家としても名高い加藤清正によって築かれた。1877(明治10)年の西南の役の折には反乱軍によって包囲され、天守閣をはじめ多くの建物が焼失し、残ったのはわずかに宇土櫓などの櫓群のみであった。宇土櫓は築城の当時、宇土城(現在の熊本県宇土市に存在した)から移築されたといわれたが、現在は否定されている。

下 熊本城天守閣は1960(昭和35)年に鉄筋コンクリート製建築物として再建され、同時に本丸一帯が公園として整備され、入場を有料化した。かつての姿をそのままとどめるという点で宇土櫓(重要文化財)の価値は高い。休日ともなると多くの見学客でにぎわい、駐車場は自家用車であふれる。2009(平成21)年8月撮影。

片倉製糸工場 大分県大分市

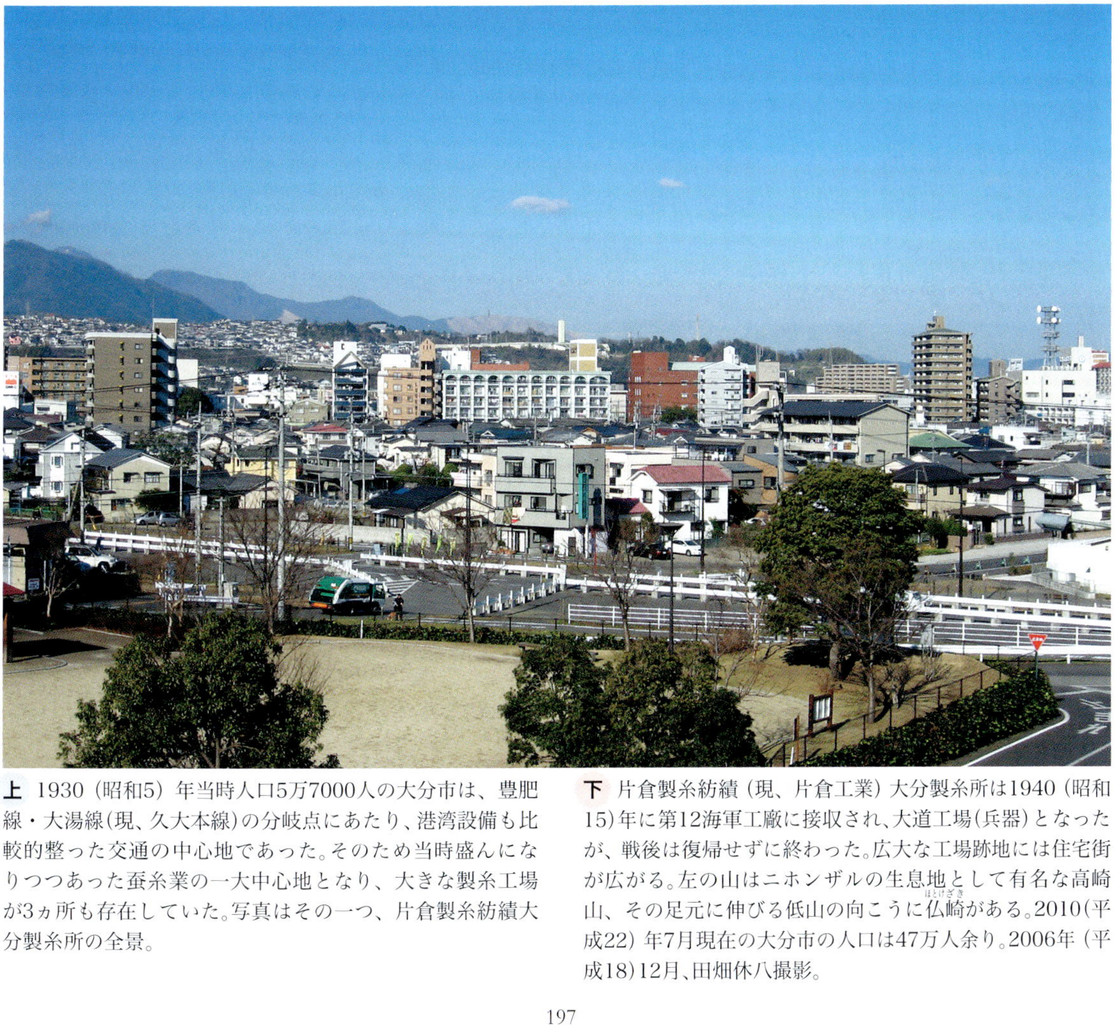

上 1930（昭和5）年当時人口5万7000人の大分市は、豊肥線・大湯線（現、久大本線）の分岐点にあたり、港湾設備も比較的整った交通の中心地であった。そのため当時盛んになりつつあった蚕糸業の一大中心地となり、大きな製糸工場が3ヵ所も存在していた。写真はその一つ、片倉製糸紡績大分製糸所の全景。

下 片倉製糸紡績（現、片倉工業）大分製糸所は1940（昭和15）年に第12海軍工廠に接収され、大道工場（兵器）となったが、戦後は復帰せずに終わった。広大な工場跡地には住宅街が広がる。左の山はニホンザルの生息地として有名な高崎山、その足元に伸びる低山の向こうに仏崎《ほとけざき》がある。2010（平成22）年7月現在の大分市の人口は47万人余り。2006年（平成18）12月、田畑休八撮影。

別府市大観 大分県別府市

上 昭和初期、別府はすでに温泉郷として名高く、十名湯(別府、浜脇、観海寺、堀田、明礬、鉄輪、柴石、亀川、由布院、塚原)をはじめ、世界にも珍しい砂湯・蒸し湯・瀧湯など、種類・数ともに抜きん出ていた。近郊には遊覧地も多く、当時ここを訪れる客は実に年間200万人を超えていた。写真は乙原《おとはら》付近から見た別府市街南部。右遠方は高崎山、曲線を描くのは日豊本線の線路である。別府市の市制施行は1924(大正13)年4月1日。

下　農地が広がっていた市街南部は今やすっかり建物に占有された。ビルが増えたせいか全体が白っぽい。別府市は1950(昭和25)年に初の「国際観光文化都市」に指定された。上記の「別府十名湯」は現在では由布院、塚原を除いて「別府《べっぷ》八湯《はっとう》」と呼ばれることが多い。一方はずれた由布院温泉（由布市湯布院町）は今や日本有数の人気温泉街となった。2010（平成22）年7月現在の別府市の人口は約12万6000人である。2006(平成18)年8月撮影。

上 大淀川河口付近に架かる橘橋は長さ380m、日本三長橋の一つとして地元の誇りであった。これは1927（昭和2）年の洪水で流失した4代目か、さもなくば1932（昭和7）年に5代目が完成するまで使用された仮橋と思われる。宮崎市の市制施行は1924（大正13）年4月1日。1930（昭和5）年の国勢調査による宮崎市の人口はおよそ5万5000人である。

下 大淀川は九州でも有数の大河である。その下流は北方に位置する一ツ瀬川とともに宮崎の大沖積平野を形成している。現在の橘橋は1979（昭和54）年6月に完成した6代目である。橋の形も護岸も変わってしまったが、今も宮崎市のシンボル的存在としてその意義は大きい。2010（平成22）年7月現在、宮崎市の人口は40万人に達しようとしている。2006（平成18）年12月、田畑休八撮影。

延岡市街 宮崎県延岡市

上 城山の頂上から東方に延岡市街（当時は延岡町）を望む。五ヶ瀬川は分岐して町を挟み、河口間際で北川と合流し日向灘に注ぐ。写真右に見えるのが恒富《つねとみ》村、左が岡富《おかとみ》村の一部で、その左の湾が東海《とうみ》である。1877（明治10）年の西南の役のとき、官軍はここから上陸し進撃したという。

下 延岡町は1930（昭和5）年に恒富村や岡富村と合併し、1933（昭和8）年2月に市制施行した。1939（昭和14）年には人口9万余りの宮崎県内第一の都市に躍進した。戦後は旭化成の企業城下町として発展したが、2010（平成22）年現在の人口は13万人弱と飽和状態にある。城跡から眺望する町並みはだいぶ変わったが、山並みと五ヶ瀬川の形は変わらない。2006（平成18）年12月、田畑休八撮影。

妙円寺詣り　鹿児島県日置市伊集院町

上　1600(慶長5)年9月、関ヶ原の合戦(P98-99)に西軍として参戦した薩摩藩の大将・島津義弘は、残った300名ほどの家来を引き連れ、数日後辛くも鹿児島に帰りついた。これを記念して、鹿児島の健児は、旧暦9月14日、甲冑に身を固め、伊集院妙円寺跡地に建てられた徳重神社に詣でる。写真は永平橋東端からの撮影。かつて木造だったこの橋は、1850(嘉永3)年、若き日の西郷隆盛の指揮で石橋に改修された。

下　島津義弘の勇猛は今なお語り継がれ、毎年10月第4日曜には、人々は県内各地から10〜40kmを歩いて徳重神社を詣でる。また、神社の境内では剣道、弓道、なぎなた、相撲などの武道大会が開かれる。学校行事として徒歩参拝をする中学・高校や、甲冑や陣羽織姿で参加する団体や個人も多い。写真は伊集院町甲冑保存会の後に続く青年たちの行軍の様子。2006(平成18)年10月撮影(撮影とキャプション:田畑休八)。

祇園之洲《ぎおんのす》 鹿児島県鹿児島市祇園之洲町

上 鹿児島市の北端に近い稲荷川河口の砂洲は、河畔に八坂神社があるため祇園之洲と称する。桜島と相対し、北側には田之浦公園の高台があり、南方はるかに天保山を眺めることができる景勝の地である。写真左の松林中に、西南の役の官軍戦死者の墓地がある。鹿児島市の市制施行は1889(明治22)年4月、1930(昭和5)年の国勢調査時の人口はおよそ13万7000人。

下 戦後松林がなくなり、河口の砂洲は埋め立てられ、2つの橋が架かって、この辺りのかつての眺望は失われた。しかし左岸には西南の役の慰霊碑や薩英戦争当時の砲台跡、石積みの河岸などが残り、両岸は祇園之洲公園・石橋記念公園として整備され、市民の憩いの場となっている。2010（平成22）年8月現在の鹿児島市の人口は約60万6000人。2006(平成18)年7月撮影(撮影とキャプション:田畑休八)。

天文館通り　鹿児島県鹿児島市東千石町

上　天文館は鹿児島市の中心繁華街である。表通りには活動写真常設館や商店が並び、裏通りや横町はカフェーやバー等でにぎわっている。もともとこの本通りの中央に明時館と称する天文台が存在したことが「天文館」という名称の由来となった。道行く和服姿の女性のほとんどが日傘をさしているのは、日除けだけでなく桜島の降灰除け用だろうか。

下　天文館のアーケードは降灰を避けるために作られたといい、1930（昭和5）年には開閉できる布製のアーケードが電車通り近くにできている。1945（昭和20）年6月17日夜半の大空襲で天文館周辺は全焼し、戦前からの街並みは一切消えてしまった。天文館（明時館）跡を示す石碑が写真の右手付近にある。2006年（平成18）7月撮影（撮影とキャプション：田畑休八）。

奥武山公園《おうのやま》 沖縄県那覇市

上 昭和初期の奥武山は那覇湾内の中央にある小島で、島全体が松で覆われていた。1901（明治34）年、皇太子（後の大正天皇）御成婚記念として奥武山記念運動場（現、奥武山公園）が開かれた。東に首里城を望み、南に豊見城を眺め、那覇市街を一望にでき、風光明媚であったという。

下 国場《こくば》川河口の中島だった奥武山は、戦後埋め立てにより地続きとなった。今昔の写真を比較すると景観のあまりにも大きな変貌に愕然とせざるを得ない。現在は県営の運動公園として野球場その他の運動施設が整っている。公園内に第4代沖縄県知事・奈良原繁の銅像があったが、戦時中に軍へ供出され、今は台座が残るのみ。2007（平成19）年7月21日撮影。

沖縄県庁 沖縄県那覇市

上 1879(明治12)年に初めて沖縄県が置かれた時、県庁は首里に置かれる予定であったが、敷地がなかったため那覇へ移った。1896(明治29)年施行の特別区制の廃止により、1921(大正10)年5月20日に市制を施行して、那覇区から那覇市となる。1930(昭和5)年の国勢調査による那覇市の人口は6万人余りであった。市内、泉崎地区にあった県庁舎は1944(昭和19)年10月10日の空襲で焼失した。

下 戦後県庁は首里に移転していたが、1990(平成2)年6月に戦前と同位置に新築された。設計は故・黒川紀章。戦後長らくアメリカ軍に占領された沖縄は、1972(昭和47)年5月15日にようやく返還されたが、米軍基地はそのまま残り、今も基地をめぐる問題は継続している。2010(平成22)年7月現在の那覇市の人口は31万を超す。2007(平成19)年7月21日撮影。

波上神社《なみのうえ》 沖縄県那覇市

上 那覇市の北海岸中央にある波上神社は波上宮《なみのうえぐう》とも称し、伊弉冊尊《いざなみのみこと》・事解男尊《ことさかをのみこと》・速玉男尊《はやたまをのみこと》の三神を祭る。もとは護国寺付属の小祠にすぎなかったが、1890(明治23)年に官幣小社となった。社は隆起珊瑚礁の断崖の上に建ち、白波絶壁を噛んで壮観をきわめていた。この崖を石筍崖《せきじゅん》と呼ぶ。また直接海に面していたので境内からの眺望もよかったという。

下 波上神社の社殿は沖縄戦でアメリカ軍によって破壊された。完全な再建は1993(平成5)年のことである。海岸の埋め立てと那覇西道路の架橋のため、神社周囲の景観は箱庭的になってしまった。海岸は「波の上ビーチ」という人工ビーチとなっており、シャワー・トイレ・更衣室などが完備され、那覇市唯一の海水浴場として毎シーズン多くの客でにぎわっている。2007(平成19)年7月21日撮影。

蚊坂《がじゃんびら》から市街を望む　沖縄県那覇市

上　蚊坂と呼ばれる坂の上から俯瞰した昭和初期の那覇港とその両岸の那覇市街（手前は垣花町）。左右に白く細長い川のように見えるのは那覇湾である。那覇港は北西に面し、沖縄特有の強風が吹いても、数多の珊瑚礁を有するために波の勢いが弱まり、諸船の碇泊に便利である。

下　手前の更地は旧垣花町（現、住吉町）で、沖縄戦の際にアメリカ軍の攻撃で壊滅した後は港湾施設地となり、市街地としては復活しなかった。対岸に認められる三重城《みいぐすく》の木々が唯一の変わらない点である。　2007（平成19）年7月撮影。

首里城守礼門 沖縄県那覇市

上 沖縄戦で破壊される前の琉球首里城の守礼門。尚清王《しょうせいおう》の代(1527-1555)に建立され、中国式の型を備えているが、日本趣味もうかがわれる。二層の間に懸けられた扁額には「守禮之邦」と書かれている。あまり大きくはないが、古色蒼然とした本瓦葺きの屋根が周囲の緑と相まって悠然とした趣を呈する。道行く人々の傘が独特な形をしていて興味深い。この写真は手彩色。

下 守礼門は沖縄戦で焼失したが、1958(昭和33)年に再建され、現在に至っている。1972(昭和47)年に県指定文化財に指定された。7月の大変な猛暑の中、道行く人は皆帽子姿である。2007(平成19)年7月撮影。

上 首里城の正殿は、王朝時代の隆盛をしのぶ貴重な遺産である。荘重にして安定した形を備え、琉球建築を代表する。古くは屋根が木板で葺かれていたが、17世紀に瓦に葺き替えられた。棟の上、左右にある龍頭彫瓦も17世紀の改修の際に置かれたもの。正殿は1925（大正14）年に特別保護建造物に指定され、沖縄神社の拝殿となり、1928（昭和3）年から1933（昭和8）年まで大改修工事が行われた。

下 首里城は沖縄戦で徹底的に破壊され、正殿も1945（昭和20）年5月に焼失した。戦後琉球大学の敷地となったため、復元は同学移転後の1980年代から始まり、1992（平成4）年に完成した。2000（平成12）年には首里城跡として世界遺産に登録されている。なお、正殿入口両側にある獅子の向きが戦前とは異なっている（戦前は正面向き、今は向かい合い）。2007（平成19）年7月撮影。

解題

●日本地理風俗大系

『日本地理風俗大系』全18巻（総索引を除く）は、1929（昭和4）年10月発行の「東海地方編」を皮切りに1932（昭和7）年2月発行の「総論編」まで約2年にわたって刊行された叢書で、発行元は新光社（現、誠文堂新光社）、編集者は仲摩照久である。全18巻には当時日本領だった「台湾」「朝鮮」「樺太」「南洋諸島」が含まれている。執筆には京都帝国大学理学部地質鉱物学科教授の小川琢治（湯川秀樹の父としても有名）をはじめ、日本各地の地理学者があたっている。日本各地の地理風俗を綴る本文もさることながら、収録写真には当時のわが国の景観や人々の風俗を示す貴重なものが少なくない。全18巻の全容は以下の通りである。

第1回配本	「第5巻　東海地方編」	1929（昭和4）年10月17日	496ページ
第2回配本	「第4巻　関東北部及奥羽編」	1929（昭和4）年11月28日	476ページ
第3回配本	「第13巻　九州地方編（下）」	1930（昭和5）年1月18日	426ページ
第4回配本	「第14巻　北海道及樺太編」	1930（昭和5）年2月20日	474ページ
第5回配本	「第12巻　九州地方編（上）」	1930（昭和5）年3月28日	432ページ
第6回配本	「第7巻　中央及北陸編（下）」	1930（昭和5）年5月13日	439ページ
第7回配本	「第6巻　中央及北陸編（上）」	1930（昭和5）年6月13日	415ページ
第8回配本	「第11巻　四国及瀬戸内海編」	1930（昭和5）年8月18日	418ページ
第9回配本	「第16巻　朝鮮編（上）」	1930（昭和5）年12月28日	404ページ
第10回配本	「第10巻　中国地方編」	1930（昭和5）年10月12日	419ページ
第11回配本	「第3巻　関東南部編」	1930（昭和5）年11月28日	404ページ
第12回配本	「第17巻　朝鮮編（下）」	1930（昭和5）年12月28日	404ページ
第13回配本	「第9巻　近畿地方編（下）」	1931（昭和6）年2月28日	421ページ
第14回配本	「第1巻　関東総論編」	1931（昭和6）年4月20日	402ページ
第15回配本	「第15巻　台湾編」	1931（昭和6）年6月4日	425ページ
第16回配本	「第8巻　近畿地方編（上）」	1931（昭和6）年7月25日	415ページ
第17回配本	「第2巻　大東京編」	1931（昭和6）年10月18日	408ページ
第18回配本	「第18巻　総論編」	1932（昭和7）年2月8日	360ページ

本写真集では朝鮮・台湾・総論を除くすべての巻を利用している。写真原版はすでに消失しているため、著者が印刷写真をスキャナーで取り込んだ後、若干の画像処理を施して使用した。したがって旧写真の画質を忠実に再現できず、不鮮明な状態で使用せざるを得ないものもあったが、これは少なからず筆者の責任に帰するものである。なお各々の写真の撮影者は明記されていない。また、他の写真集の掲載写真と同一と思われるものが若干あるが、本書ではすべて本叢

書からのみ選択して利用した。当然のことながら、版元である誠文堂新光社に写真の使用許可をいただいた。なお、姉妹編ともいうべき『世界地理風俗大系』全25巻が存在し、その中の日本篇が独立して本全集へ発展したということである。編集責任者の仲摩照久については、誠文堂新光社にも具体的な記録が残っていないという。

●撮影

撮影には、スキャンした旧写真を現地に持参した。場合によっては本自体を持ち運ぶこともあった。撮影場所の同定には、まずキャプションに書かれた内容を手がかりにし、それが不可能な場合は地形図を使用して「アタリ」を付け、さらに現地に詳しい方に聞き取り調査を行うという方法をとった。また郷土資料として出版された多くの写真集から有効な手がかりが得られる場合も少なくなかった。

地上から撮ったものは比較的撮影しやすいが、俯瞰撮影は公園や城址を除いて困難を極めた。近年都市部では屋上を開放するビルが少なく、たとえ屋上に上がれたとしても落下防止のための高い柵が周囲に張り巡らされて見通しがきかない例が多かった。さらに、戦後の山林の放置により樹木が野放図に伸長し、視界が利かなくなった場所も多い。山口市街や米子市街などでは撮影を断念せざるを得なかった。その反面、立体駐車場のような施設が増えたおかげで、比較的自由に俯瞰撮影ができる場所が出現した。例えば福岡市の姪浜や山形市街などである。

撮影には当初Nikon new FM2やZenza BRONICA SQのようなフィルム用1眼レフを使用したが、出版を前提に撮影を始めてからはデジタルカメラを使用した。現在はOlympus EP1を使用している。デジタルカメラはパソコン上で画像処理がしやすく、とくにパノラマ写真の作成には大変重宝した。松江市、本四連絡橋などの写真はこの方法で作成したものである。

7年間で撮影した場所はおよそ400ヵ所に及んだが、半年間かけて写真集用に185ヵ所に絞り込んだ。また、韓国・ソウル市と台湾・台北市、新竹市、桃園市、高雄市といった旧日本領での撮影も46ヵ所で行った。これらの写真は別の機会に是非発表したいと考えている。

●参考資料

今回の撮影とキャプション作成にあたり、多くの資料を参考にさせていただいた。主なものを以下に挙げておく。

・ウィキペディア日本語版
・国勢調査
・桝本成行『魚梁瀬森林鉄道』(ネコ・パブリッシング, 2001年)
・橋爪節也『モダン心斎橋コレクション－メトロポリスの時代と記憶－』(国書刊行会, 2005年)
・皆川袈裟雄編『移り変わる風景 みなとまち新潟 1932-1935』(新潟日報事業社, 2007年)
・津田基編『熊谷孝太郎 はこだて 記憶の街』(はこだて写真図書館, 2007年)
・小樽再生フォーラム編『小樽の建築探訪』(北海道新聞社, 1995年)
・小林彰太郎編『昭和の東京 カーウォッチング』(二玄社, 1995年)
・B. Morrison & K. Brunt『British Railways Past and Present』(London Past and Present Pub. Ltd., Peterborough., 1993年)

著者紹介

二村正之（にむら・まさゆき）

1958年9月、宮城県伊具郡丸森町生まれ。

1981年3月、日本大学文理学部地理学科卒業。

1986年3月、島根大学理学部生物学科卒業。

1988年3月、広島大学大学院生物圏科学研究科博士前期課程修了（発生生物学専攻、学術修士）。

1988～2002年、千葉県と島根県にて高校教員（理科）。

2002～2006年、島根大学医学部解剖学教室研究生。

2006年、博士（医学）。

現在、（学）岩永学園　こころ医療福祉専門学校専任講師。

専門は発生生物学、解剖学。

趣味は昆虫採集、写真等。また、プロスポーツ（大相撲、野球等）の記録マニアでもある。

E-mail：melanocortinreceptor2@yahoo.co.jp

名所旧跡《めいしょきゅうせき》・街頭風景《がいとうふうけい》の今昔《こんじゃく》

ニッポン時空写真館《じくうしゃしんかん》 1930-2010

2011年3月15日　発　行　　　NDC290.87

著　者　二村正之《にむらまさゆき》

発行者　小川雄一

発行所　株式会社誠文堂新光社

〒113-0033 東京都文京区本郷3-3-11

電話　03-5800-5753（編集）

03-5800-5780（販売）

http://www.seibundo-shinkosha.net/

印刷・製本　株式会社陽成社

ISBN978-4-416-91100-6